JN335767

憲法断章——観照への旅

憲法断章

——観照への旅

大石 眞

信山社

はしがき

この書物は、いろいろな機会に依頼を受けてものした論考・随筆・書評などをまとめて一書としたものである。その期間は、私が研究者として歩み始めて間もない時期に取り上げたものから、ある雑誌の創刊号のために書き下ろしたごく最近のものまで、約二七年間に及んでいる。その意味で、本書は、私なりの思索の跡を辿ったものと言ってよいが、書かれた年代にも注意を払っていただければ、幸いである。

本書は、内容からみると、憲法問題を正面から取り扱ったもの、先輩諸氏の各種業績に刺戟を受けた点や読後感を綴ったもの、そして、私の研究をあるべき方向に導いてくださった恩師や環境への思いを書きとどめたものの三つに分かれている。そこで本書は、「随感断章」「諸書散策」「恩師追想」の三部構成とし、関連する論考などを整理して収めることにした。

ここに収めたものに限られないが、それぞれの作品には、それを草した折の前後のさまざまな想い出が重なり、遠く脆い記憶を呼び起こさせるものもある。

とくに「諸書散策」に登場する故藤田晴子先生については、恩師の紹介を得て、調査及び立法考査局の専門調査員として当時お勤めであった国立国会図書館において、勤務先の大学でどうしても入手できなかった貴重な文献の複写を直にいただいた時の感激が、今、鮮やかに蘇っている。

さて、私は、同世代の研究者としては珍しく、出発点となった東北大学を経て國學院大學・千葉大学・九州大学、そして現在の京都大学と、多くの充実した研究組織にお世話になり、数多の優秀な知己を得て自らの見聞を広げるとともに、多彩な有為の学生たちと交流を深めることができた。

そのこと自体、何ものにも代えがたい私のかけがえのない財産である。改めて省みると、私などのような者が曲がりなりにも研究者として相応の間やって来られたのは、ひとえにそうした方々と環境に恵まれたお蔭である、と言うほかはない。

もっとも、このように言うと、研究者としてやるべきことはなお山ほどあり、感傷に浸って旅に出るのはまだ早過ぎる、と誰かに叱られそうである。ただ、私としては、包み隠さず言えば、悠久の時の流れの中にあって一つの区切りをつけ、次に進みたいという気分にようやくなっているこの頃ではある。

最後になってしまったが、本書が成り立つに際しては、旧知の袖山貴氏を始めとする信山社のご好意を忝くし、とくに同社の今井守氏による格別の高配をたまわった。ここに特記し、改めて深甚の謝意を表したい。

二〇一一年(平二三)七月三一日

大石　眞

憲法断章

目次

《目　次》

◆ I　随感断章 ———— 3

1　三種の懐疑（5）
2　天皇制 ── その伝統と憲法との間（9）
3　政界再編は政党の編成替えにあらず ── 選挙権年齢は一八歳に引き下げを（24）
4　憲法改正論議への視点 ── まず憲法改正国民投票法の制定から着手すべきだ（26）
5　国民的な憲法論議を期待する（35）
6　憲法「改革」の時代を迎えて（45）
7　憲法調査会への提案（64）
8　〈講演〉議会制度と憲法改正問題（66）
9　憲法と安全保障基本法の構想 ── 総合的な政策実現に向かって（102）

10 宗教法人を取り巻くもの（111）
11 二院制と一院制 ― それぞれの意味と内実を考える（117）

◆ Ⅱ 諸書散策 ―――― 123

12 〈書評〉向山寛夫『新中国の憲法』（125）
13 〈書評〉深瀬忠一＝樋口陽一『日本の立憲主義とその諸問題 ― 比較的アプローチ』（136）
14 〈書評〉藤田晴子『議会制度の諸問題』（149）
15 〈書評〉百地　章『憲法と政教分離』（153）
16 〈書評〉佐藤達夫・佐藤功補訂『日本国憲法成立史』全四巻（159）
17 〈書評〉佐藤達夫『日本国憲法成立史(1)〜(4)』（166）
18 〈書評〉木野主計『井上毅研究』（168）
19 〈書評〉竹内重年『憲法の視点と論点』（177）
20 〈解説〉佐々木惣一『憲政時論集Ⅰ・Ⅱ』（179）

21 〈書評〉大久保泰甫＝高橋良彰『ボアソナード民法典の編纂』（190）
22 〈書評〉瀧井一博『ドイツ国法学と明治国制』
――もう一つの明治憲法史は成り立ちうるか（200）
23 〈解説〉今野彧男『国会運営の法理』（212）

◆Ⅲ　恩師追想 ―― 215

24 〈紹介〉小嶋和司教授退官プロフィール（217）
25 〈あとがき〉小嶋和司『憲法と財政制度』（221）
26 〈解説〉小嶋和司『憲法論集一　明治典憲体制の成立』（224）
27 〈あとがき〉小嶋和司『日本財政制度の比較法史的研究』（231）
28 仕合わせというもの（235）

初出一覧（巻末）

憲法断章——観照への旅

◆第Ⅰ部◆ 随感断章

1　三種の懐疑

皇位の継承に際して、先帝の遺徳を偲び新帝の未来を想うのは、自然の人情ではある。反対に、歴史を顧みて先帝の過去を呪い、新帝の笑顔に唾吐く人々もあろう。いずれにしても、憲法の立場から見ると、月旦評のように、特定の天皇の言動について、その個性をことさらにあげつらうのは、立憲政治の精神に合わないと、私は思う。ある地位を襲う者の資質や個性にかかわらず、国政が一定の軌範の上を進むように仕組むのが、憲法の効用なのだから。その意味で、憲法の描く天皇の肖像は、国家の制度として論ずべきものであるが、それにしても、私には気掛かりな点が幾つかある。

まず、先帝崩御の前後、テレビは天皇制廃止を叫ぶ人々の一群を映していた。それが、いわゆる戦争責任を咎める象徴的表現であるのかどうか、よくは判らない。しかし、少なくとも皇位継承のあった時から、その主張は、レトリカルな含みによってでなく、額面通りに受けとめられるべきであろう。ところで、天皇が憲法所定の機関である以上、その廃止は憲法改正によってのみ可能で、したがってその廃止を唱道することは、現行憲法を改正すべきだとする主張に違いない。しかも、天皇の制度が、たとえばシュミット流の改正の限界を形づくることを説くような憲法論も見当たらないのだから、その廃止を願う勢力は、正々堂々、その趣旨の憲法改正を企図することを政治行動の主要プログラムとして掲げ、広く国民に訴えるとよいと思う。目標のみを示し、そこに到る道程を教えないのは、無鉄砲な話である。

学問上の著作にも気になる事はある。今日なお権威的な憲法註釈書において、とくに天皇の役割を論ずる際、ただ内閣の指示にしたがって機械的に「めくら判」をおすだけのロボット的存在にする、という表現に出交すのがそれである。こうした暗喩は当然ある反応を呼び起こし、現に、そこから著者の底意を計ろうとする人々は、著者の侮蔑的言詞を詰り、その非を打ってやまない。所詮比喩にすぎないとは思うものの、私としては、価値中立的であるべき学術活動でそうした修辞に依託することは、人の情意を超えた知的な対話を妨げるという教訓を得、自戒の念を深くするのみである。

もう一点、天皇に関する専門の憲法論議の中で、どうしても腑に落ちない箇所がある。国家機関としての天皇という言い草はよく用いられるけれども、一体、この天皇なる国家機関は、憲法の採用した権力分立という政治組織原理の下で、組織法上どのような性格のものとして位置づけられるのであろうか。この一〇年来の疑問で、それだけにかなり注意を払って観察してきたつもりであるが、昨今を代表する教科書類を繙いても、その位置づけは定かでない。もちろん、この問いに対する答えは、天皇の権能と定められた国事行為の内実を吟味することによって得られる筈である。が、これが実は容易ではないのである。ただ、数少ない体系書は、さすがに手際よく思考の手懸りを与えてくれる。

ひとつの考え方によると、天皇の国事行為は、当然のことながら、法を制定する立法作用でも法を維持する司法作用でもなく、個々の場合に国家の目的を達成するのに適当な現実の状態を惹起することに向けられた作用、即ち行政である。しかも、これを行いうるのは憲法が特に指定した場合に限られるから、結局、天皇は特殊的な行政機関である、という。だが、別の見解はこう主張する。そもそも、儀礼的・名目的行為は本来の国家作用にあたらない。だから、そうした性質をもつ天皇の国事行為も、およそ国政、即ち立法・司法・行政という国家の統治作用と異なる。したがって、天皇は立法又は司法の機関ではないのはもちろんのこと、行政機関でもない、と。

言うまでもなく、両説の背景には、関係する憲法条規の読み方の違いや権力分立の理解、国家作用の観念の仕方についての異同が控えている。興味深いのはあとの考え方で、これによると、天皇の国事行為は、権力分立論が前提とする国家作用の図式の外にある何らかの働きであり、したがって天皇は伝統的な国家作用に非ざる何らかの働きをする国家機関だ、と論決されることになる。国事行為を代行する摂政や臨時代行者の地位も、組織法上同様に考えられよう。なるほど、儀礼的・名目的行為を国家作用論上どう位置づけるかは一の問題で、正統の権力分立原理は、いわば虚を衝かれた恰好である。実際、ドイツ国家学でも、国家元首の名目的権能を権力分立の図式になじまないとし、そのような元首を公証人に譬える考え方は見られる。

しかし、まず、権力分立論の埒外にあるという国事行為について、なぜとくに行政権者たる内閣の助言と承認が必要とされ、その責任が問われることになるのかは、必ずしも明らかでない。また、たとえ儀礼的・名目的であるにせよ、法令の公布・国会の召集・衆議院の解散のように、国事行為が憲法上一定の国政上の効果を内包していることは確かである。さらに、フランス流に行政権・執行権の二元構造という思考の枠組みをもつならば、権力分立原理の下で、そうした行為をなしうることを行政権と称することに、何の障碍もあるまい。事実、有名なピースリーの各国憲法集は、天皇を行政権・執行府の中に組み入れて短い解説を付している。

というわけで、私は、今のところ行政機関説に傾いているのであるが、なお研考を重ねたい。いずれにしても、天皇が国家作用に非ざる何事かをなす国家機関だというのは、反って、その象徴性と相俟って、新しい形の神格化を招くことにならないだろうか。

人は、何かを思うとき、その個人的な経験や信念から、ある想いを伴わずにはいられないということがある。すぐれた知性の人でさえ、どうしても平衡の感覚を保ちえない何かはあるらしい。私には、天皇の問題はその一つであるように感じられる。これも「戦前」――そして、これと対置される「戦後」――という時代の産物なのであろうか。

2 天皇制——その伝統と憲法との間

今日、「天皇制」という言葉は、ごく普通に使われる。しかし、天皇制というものが何を意味するのかとなると、必ずしもはっきりしない。

明治憲法時代に「天皇制」という言葉を使う場合には、反体制的なニュアンスをもつ用語として使われていた。戦後の憲法学をリードし、現行憲法の制定にも関わった宮沢俊義氏（東大教授、故人）は「天皇制というコトバは、今でこそさかんに使われるが、明治憲法時代には、ほとんど使われなかった。それを使ったのは、『君主制の廃止』ということを唱えた共産党ぐらいのものだったろう」と言っている。これは多分、戦前の共産党のテーゼの中で、君主制の廃止を謳ったので、それと天皇制を等置したのだろう。そういう意味では攻撃対象だったから、意味は明瞭に使われていた。

現行憲法下での天皇制の意味については、多くの憲法学者の教科書を読んでも、これを明確に示しているものはあまり見当たらない。さすがに宮沢氏は「天皇という世襲的な独任機関をみとめ、これに対して、少なくとも、国の象徴たる役割を与える政治体制と定義していい」と書いている。

もっとも、この定義では、天皇制とは何かを具体的にイメージすることはできず、その意味では肩透かしであるが。

諸外国の場合だと、君主がいなければ、ニヒト・モナルヒー（Nicht-Monarchie）という意味で共和制という言葉を使う。共和制というものの積極的な概念規定はなく、単に君主がいないということになるが、天皇は君主にあたらず、日本は共和制に相当するのか。そういうこと自体が、学問上議論の対象になっている。しかも、国の象徴たる役割というのは、一体どういうものをさすのか。その点をめぐっても、具体的には国事行為あるいは国政に関する権能との関わりで、意味・内容がはっきりしない。

明治憲法時代は、むしろ異例

こうした状況だから、「天皇制」の意味するところは、曖昧模糊としているというのが実情のようである。しかし、立場のいかんを問わず、曖昧なまま、「天皇制」という言葉はごく一般的に使われている。

なぜ、こういうことになるのか。ここで、これまで我が国で続いてきた天皇制、その伝統というものをどういうふうにとらえるかが、議論になるだろう。

宮沢氏は、戦後間もない時点（昭和二二年）で、「日本の天皇制の本質が、『統治権の総攬者』であることにあったとすることは少なからず問題である。国民大衆が限りない愛着を抱いていた天皇制の本質は、むしろ天皇が日本の象徴たる地位をもっていることにあるのではないかと考えられる。はたしてそうとすれば、『統治権の総攬者』であるかないか、大権の範囲が広いか狭いか、ということは、天皇制の本質に関する問題ではない」と言っていた。

こういう議論は、日本法制史の大家・石井良助氏（東大教授、故人）などにも共通する理解のようである。石井氏には、『天皇』という著作があるが、そのサブタイトルに「天皇の生成およびその不親政の伝統」とあるように、天皇はみずから政をせずという伝統がある、と強調している。石井氏いわく、「明治以前において、天皇は国民統合の象徴たる地位に立たれたということができ、……明治維新以後は、天皇は統治権の主体となり、国の内外に対して、国家を代表する資格を有された結果、国民統合の象徴である面はふたたび蔭にかくされたのであるが、日本国憲法によって、天皇が主権を失うに及んで、その国民統合の象徴たる面は、ふたたび表面に押し出された」と。端的に言えば、明治憲法より以前の状態が、むしろ現在の憲法体制に近く親近性をもっており、明治憲法時代のほうが、天皇制の伝統からすると、異例なものであるということになる。こういう判断が、歴史的に裏付けられるかは私の能力を超える問題であるが、いずれにせよ、そうした認識をされているわけである。

こうした点からみると、いろいろな条件がつくとはいえ、「統治権の総攬者」といったことで伝統的な天皇制というものをみるのは、必ずしも妥当なことではない。そうすると、法的な権限・権ことになろう。

能の問題より、象徴として果たしてきた機能に着目して、伝統というものを考えたらどうかという

立憲君主制にもイギリス型・ドイツ型

さて、「天皇制」をめぐる解釈論に入りたいが、その前に、従来、憲法体制と天皇制がどういうふうに変わってきたかということを振り返ってみる必要がある。ここでは、明治憲法制定以前・明治憲法体制・現行憲法体制の三つに分けて、天皇の地位や権限が、それぞれどういう政治体制の中で、どう位置づけられているかという点を対比してみよう。

明治以前は、いわば不文憲法体制の時期である。そこでは天皇の庶子にも継承権が認められ、女帝の例があったこともよく知られている（推古・皇極・持統の各天皇など）。それから、生前退位ということもあったし、摂政になるのは、必ずしも皇族に限られていなかった。明治憲法体制になると、庶子の皇位継承権だけは認められていたが、しかし、女帝制・生前退位制や、皇族でない者が摂政になるといったような制度は、すべて否定されている。そして、現行憲法体制になると、庶子の継承権も認められなくなった。だから、明治以前に認められていた上記のことは、すべて否定されるというふうに変わってしまったわけである。この一事を考えてみただけでも、どの点をもって天皇制の地位をめぐる伝統と言えるのか、どうもはっきりしないという印象をもつ。

一方、権限の面をみると、明治以前は、さきの石井氏の言葉をかりれば、むしろ「天皇不親政の

伝統」というものがうかがわれる。もちろん、この「不親政の伝統」が四、五世紀頃からずっと続いたというわけではなく、たとえば律令制の奈良時代は、中国の皇帝式に権力面を表に出した時期がある。しかし、長いタームで考えれば、親政は時間的には短いので、伝統としての不親政というものをみてもよいのではないかというのが、法制史の大家の分析だろう。

明治憲法体制は立憲君主制と言われるが、当時のドイツにおける強国プロイセンの君主に似た地位を作り上げようとした。立憲君主制は、非常に広い意味では制限君主制と同じように使われるが、十九世紀の政治体制のあり方で言えば、イギリスの採用している立憲君主制と、ドイツが採用した立憲君主制というのは、明らかに違う。

つまり、ドイツ型の立憲君主制には、君主に権限を集中させ、君主のために権限の推定を働かせる「君主主義」という要素が強く、内閣または実際の政治を司る部門はもっぱら大権に依存するという体制をとる。国の政治を実際に担当する者は、国民や議会に直接に責任を負うのではなく、むしろ君主に責任を負っているわけである。これに対し、イギリスの場合は、議会主義君主制と言われ、政治の衝にあたる内閣は、議会に対して非常に強い責任を負っている。そして、このような議院内閣制を国政の原理とするのが、立憲君主制の理想だとすると、ドイツ・プロイセンのタイプは、立憲主義どころか、かなり専制君主制に近い体制であるとみなされ、上辺だけの外見的立憲主義などと揶揄されることとなる。

イギリスの立憲君主制は議会君主制であり、フランス人によって「国王は君臨すれども統治せず」（Le roi régne, mais ilne gouverne pas）と表現された。だが、明治憲法の立憲君主制は「万世一系の天皇之を統治す」である。しかも、これが伊東巳代治による英訳で「君臨し且つ統治する」（reign over and govern）とヨーロッパに紹介されたから、どういう評価を与えられたかは、推して知るべしである。

現行憲法体制は、マッカーサー草案に由来するが、もともとイギリス型の議会主義君主制にならった体制を予想していた。ドイツを除いて、一九世紀のヨーロッパで一般的な理想型とされたイギリス的立憲君主制が、日本で一九四七年（昭和二二年）の時点で、初めて実現することになったと言えよう。

解釈しにくい「国事」と「国政」

こうした大きな枠組みを一応前提とした上で、天皇の皇位とか権能をみると、国事行為、「国政に関する権能」のほか憲法には書かれていない公的な色彩をもつ行為などがあり、これらをどう解釈するかについて多くの論点がある。

日本国憲法は、国事行為、つまり「国事に関する行為」というものを認めている（三条・四条・六条・七条）と、同時に「国政に関する権能は有しない」という四条がある。そこで、国事行為と国政に関する権能とがどういう関係に立つかについて、しばしば議論が起こる。

この点について、宮沢氏は、国事行為と国政に関する権能との間が「どうちがうかは、文字の上だけからは、はっきりしない。しかし、……前後の関係や、日本国憲法の天皇制に対する根本的な態度などから考えると、『国政』というのはひろく政治あるいは統治を意味するのに対して『国事』というのは、主として国家的な儀礼を意味する」と説いたことがある。ただ、この解釈にはすぐ反論が出た。国家的な儀礼とはいえ、国事行為の中には、衆議院の解散、総選挙の施行の公示といった政治的な意味合いの強いものが、たとえ形式的にであるにせよ含まれているから、言葉の上から国家的な儀礼だと断定するのは賛成できないという意見である。

もう少し大局的な見方を示されたのは、政府が設けた憲法調査会（昭和三一年から三九年）の会長を務めた高柳賢三氏（東大教授、故人）である。英米法の専門家で、貴族院議員として、憲法草案の審議にも参加した高柳氏の基本的な分析は、"matters of state"を国事、"government"を国政と訳しているが、これは、GHQ（連合軍最高司令官総司令部）の局政局が作った技巧的なものだとして、そこにこだわって特別の意味を見出す必要はない、というものである。つまり、イギリス憲法では、日本国憲法が第七条に列挙するような国事行為も国政に関する行為として取り扱われ、したがって、当然、国王がいわば国政に関する行為をおこなう権能をもつ、ということになる。

ただ、実際の政治の運営をみると、国政についての実際上の決定権は国王でなく内閣にあり、国政に関する権限を国王がもっていて、実際にその中身を決めるのが内閣である。「したがって、アメリカの法律家が見ると、イギリスの国王は内閣の助言と同意によって国事行為を行うので、国政に対しては権能をもたないということになる」。こうして、憲法「起草者は、天皇は英国の国王のような近代的立憲君主であることを概念的、分析的に明らかにしようとした」というのである。

私としては、大局的な見方に立った高柳説のほうが適切だと考える。たんに「国事」と「国政」という言葉だけから、何か実質的な違いを引き出すのは、ほかの関連条文を含めて解釈するとしても、かなり技巧的で無理をしていると言わざるを得ない。

公的行為の問題について

さて、天皇の行為の中には、憲法の条文には出てこないが、何らかの形で公的色彩をもちつつ行われるような性質の行為がある。公的行為といわれるものであるが、正確を期すなら、私的でない事実的な行為といったほうがよいかもしれない。その中でとくに問題とされるのは、国会の開会式に臨んで「お言葉」を述べるという行為である。これについては、そもそも憲法の明文で書かれていないことは認められないとする立場（違憲論）もありうるが、宮沢氏は、天皇の公的な色彩のある行為は、少なくとも憲法に書かれているはずだという前提に立ち、七条一〇号の「儀式を行ふこと」の中に含まれるという見解を示した。

これにも、すぐ反論が出された。憲法がわざわざ天皇の国事行為を限定して列挙しているのに、それを拡大解釈をするのは、方法論的におかしいという難点があるからである。

この点をふまえて、象徴としての行為と位置づけたのが、宮沢氏と同じ美濃部達吉門下の清宮四郎氏（東北大学教授、故人）である。この説によると、天皇には、純粋な私的な行為と憲法が明記する国事行為のほか、象徴としての立場で儀礼に出席する公的行為があるという。つまり、天皇の行為は三種類あるとするもので、三種類説とも呼ばれている。

政府は、基本的に、この説に立っていると考えられるが、ただ、この説にも難点がある。天皇が外国旅行中に右のような行為をする必要が出た場合、臨時代行法（昭和三九年施行）により、臨時代行者がおこなうことになるが、臨時代行の行為まで「象徴」としての行為と位置づけるのは無理があるからである。

そこで、元内閣法制局長官の故高辻正己氏（最高裁判事、法相を歴任）は、公人としての行為という考え方を展開した。高辻説の基本構想は、おそらく象徴たる天皇ということにこだわらず、我々の日常生活をみると、法令上何も書いてないのに、ある種の公職に就くと、公人として、付き合いで結婚式に出ざるを得ないとか、文部大臣が甲子園で始球式を行うとかいうことがある。つまり、ある人がある特定の地位に就いた場合、その地位がその社会組織に占めている役割からいって、事実上の行為として、何らかの儀式に出席して何かを述べるといったことはありうるので、そういうものとして一般的に考えたほうがいいのではないか、というのであろう。

こうした考え方に立つと、とくに象徴という点にこだわらないので、かなり広がりをもつし、天皇の行為にもうまく説明がつく。国家の制度としての天皇をあまり特別扱いをしないほうがいいという感覚からすると、合憲論の中では、一番合理的な考え方だと思う。もともと他の条文についてもそうであるが、憲法六条・七条がすべてのことを完全無欠な形で明記しているとする前提がおかしいのではないか。

現代的君主観に立つ

象徴天皇制と国家形体という問題では、何より国号との関係が指摘されよう。たとえば、イギリスの正式な国名には「連合王国」とあり、フランスは、「フランス共和国」である。旧社会主義国はさらに明確で、何々民主主義人民共和国というふうに名称を謳っているので、君主がいないということをおのずから示している。ところが、日本の場合、日本国というのが憲法上の正式の名称であろうが（一条・九八条二項）、この国号は、諸国のように国家形体を示していない。外国から見れば、その国号からは、君主がいるのかいないのかが、文字の上からは全くわからない。

実は、天皇が、君主か元首かといった議論は、この点とも関連している。そして、君主または元首の要件として、法的な権能を重視すると、統治権の総攬者あるいは行政権の主体というような受け取り方が出てくるわけである。こういう考え方は、一九世紀を照準とした伝統的な君主制というものを念頭に置いたもので、現代では必ずしもふさわしいものではない。少なくとも二〇世紀後半の時点で考えるなら、先に言ったように、国民統合の象徴という要素に重点を置くのが妥当であろう。法的権限は、時代とともに大きく変化してきたし、また変化していくので、それを基準とするよりも、むしろ世襲制であり尊厳の対象となっているという点を中心として君主を観念すれば、天皇はそういう現代型の君主のカテゴリーに入り、日本国は現代型の立憲君主制の国家（議会君主制国）ということになる。

いわゆる女帝問題への視点

天皇の条章をめぐる改正問題についても、触れておきたい。かつての政府の憲法調査会の一部の委員の間にみられた「元首」明記論や、今日でも散見される天皇制廃止論は、政治理念は全く異なるが、ともに憲法改正論という点で同列である。これに対し、いわゆる護憲派からは、論理上、憲法改正案は出てこないので、その立場から出てくるのは、現行憲法を変えずに、法律の改正、つまり皇室典範を改正する論議という形をとる。この法律改正論としては、女帝問題と生前退位論に議論が集中しているようであるが、ここでは女帝についてのみ考えてみよう。

女帝制は、明治憲法・典範を作る時も現行典範を作る時も議論になった。ただ、その含意のよくわからない点がある。現行憲法では二条で「皇位は世襲のもの」とし、世襲制が規定されているが、その中身は、たんに血統に従って受け継いでいくということではなく、天皇の地位の継承は、もともと男の系統でずっと来ているので、男系主義も世襲の内容に含まれていると考えられる。これは占領時代のGHQも了承していたようで、宮内庁筋もそう理解している。そして、女帝を認めるべきだという議論は、男系主義を前提とした場合、そこから生まれた女子にも皇位継承資格を認めるべきだという議論になるはずで、これは皇室典範を改正すれば可能だろう。

ところが、女子天皇から生まれた子は女系になるから、その子は地位にはつけない。そうすると、女帝制を認めるということは、たんに男系主義から出た女子に資格を認めるという議論なのか、その女子に認めるのだから、その女子から生まれた子にも認めるべきだというのか、つまり、女系の子孫にも継承資格を認めるべきだという主張なのか、はっきりしない。

あくまで男系主義を前提とすると、女帝はその一代限りにとどまるだろう。女子が生まれても男子が生まれても、皇位を継ぐことはできない。それならということで女系主義まで認めるべきだという議論になると、古来の伝統と全く食い違うことになって、混乱が起きるだろう。さらに、先に指摘したように「世襲」という憲法の文言には男系主義が読み込まれているので、これを改めるには、憲法を改正しないと不可能だ、という奇妙な結果になる。

こうした点をみると、天皇制をめぐる改正論議はあるものの、具体的な効果や制度まで押さえた議論があまり公にされていないので、どこまで額面通り受け取ったらいいのかわからないというのが、私の率直な感想である。

◆国民主権を明確化し、人権先行型に

次に現代の議会君主制型の憲法をみた場合、どのような視点がありうるだろうか。第一に、現代

の議会君主制型の憲法をみると、イギリスは別として、ベルギー・オランダ・デンマーク・スペイン・ノルウェーなどでは、国民主権の条項をはっきり独立させている。日本国憲法には、国民主権を正面から謳った個所はなく、前文にちょっと出てきたあと、天皇を象徴と規定したことの裏返しの形で第一条に書かれているにすぎない。憲法制定当時の政府の思惑とGHQの方針との妥協的な産物のゆえにである。これはどうもおかしいので、条文の上でも、国民主権ということをきちんと独立して掲げ、国民が国政を担う主体であるという位置づけを与えたほうがいい。

第二に、憲法典編別上の位置について再検討する必要を挙げたい。現代の議会君主制型の憲法をみると、日本のように、第一章に天皇とか国王が出てくる例は多くない。こうした、いわば統治機構先行型よりも、まず国民の権利・義務を謳った、いわば人権条項先行型のほうが多いのである。これは政策論なので、最終的に合理的な根拠は示すことができないが、こちらのスタイルのほうがよいと思う。この点について、かつて東大の憲法研究会の有力メンバーだった行政法学者の田中二郎氏（東大教授、故人）も、改正がありうるとすれば、やはり編別を変えたほうがいいという意見だったようである。憲法典の編別は、単なる構成の問題ではなくて、「その憲法の性格を示す上に重要な意義をもつ」という点に着目したわけで、私も同感である。最初に何を置くかが、その憲法全体の精神やあるいは国民に国政の見取図を示すという点において、一つの指針になるのではないかと思う。

第三に、皇位の継承のしかた、あるいは摂政をどういう場合に置くかについて、憲法典に明記することも考えられるだろう。現代の立憲君主制の憲法を調べてみると、こうした点が、憲法典の上で具体的に示されていて、日本のように、皇室典範という別のものに書くというやり方は異例といってよい。もちろん、「祖宗以来の遺範」（岩倉具視）があるとか、ヨーロッパ的な混乱のおそれは少ないとかの理由から、憲法に書く必要はないとする議論もありえようが、憲法典で明文化するほうがわかり易くなるという面はあるのではないかと思う。

国を統合する機能どこに

ところで、戦後はわりあい無視されているが、国民の統合とか象徴ということをどう評価するかは、なかなか単純には割り切れない。それについて、高柳氏は「象徴的な元首の国民を統合する価値」というものを高く評価し、たんに〝平等〟という抽象的な理念だけから、そういうものの価値を否定する見方や「政治的〝力〟の観点から、天皇は象徴にすぎぬ、と低くこれを評価する純理的な見方」は国民の統合という点からみて妥当でないとしたが、私も基本的には同感である。目には見えないが、人々は一体として国民というものを形成して政治生活を営むというときに、ばらばらの状態ではありえない。ここに何か国を統合する機能というのが必要であるとすれば、それをどこに求めるかということを考えざるをえない。そして、それがつまるところ天皇制というものの存在理由だとすると、その改廃は純粋な法律問題をはるかに超えたテーマになる。

もちろん、象徴としての天皇を政治的に利用することは論外である。天皇制というものをより広く社会的・文化的な視座から考える態度が必要なのではないか、と私は思う。

3

政界再編は政党の編成替えにあらず
――選挙権年齢は一八歳に引き下げを

西洋では、国政や政治を表わすgovernmentという言葉は、もともと「船の舵（かじ）を取る」というラテン語に由来する、と言われる。この舵取りを誤まれば、目的の港に着くこともできず、人の生命を奪うこともある。そういう責任を為政者は負うということを、この言葉はよく示してくれる。

冷戦構造の崩壊とともに始まった政局の流動化は、政党の離合集散をもたらし、今なお収束する気配を見せない。政局の流動化とは、つまり、国政において誰がどういう方角に舵を取ろうとするのかが国民には判らないという情況を指す。内外に山積する課題をもつ時に、こういう情況がいつまでも続くのは不幸なことであるが、先の統一地方選における二大都府での「無党派層の反乱」は、舵を取るという政治の原点を見失ったかに見える為政者への有権者の突き放した気持ちを示したものとも言えよう。

むろん、これは地方自治レベルの問題で、国政レベルの政策の当否を占うものではない、という反論もありえよう。確かに、防衛・外交あるいは円高対策といった問題は、地方選での争点となりにくい。しかし、政党や会派の組み替えによって政権の基盤が全く変わっても、その正統性を問う国政選挙が行われなかったとすれば、こういう形で民意が表明されるのはむしろ当然で、国政に携わる人々はその意味をよく噛みしめていただきたいと思う。

よく政界の再編ということが言われるが、それがたんなる政党の編成替えに終わるなら、実に虚しい。本当に必要なのは、それぞれの政策の再編だということは、皆解っているはずだ。この数年、政界再編に向けた動きがいろいろな形で伝えられたが、「日本新党」「新党さきがけ」「新進党」というように、それ自体としては、何ら政策を指し示すことなく、新しいことだけを強調する党派名が相次ぐのはどうしたことか。名は体をあらわすというが、政策内容を表さない党名は、所詮、仮りの名のように思われ、有権者の支持が一時的な流行にすぎないことを自認するかのごとくで、残念でならない。

小選挙区制の導入を柱とした新しい選挙制度が実施されれば、こうした情況も変わるだろうが、選挙権年齢を欧米並みに一八歳に引き下げ、有権者層を新しくすることも必要である。これは、いわゆる定住外国人の地方参政権よりもずっと緊要な問題のはずで、よい機会なのに、ここに全く手をつけなかった選挙制度改革は、その点で失当だと私は思っている。約半世紀前の選挙資格要件がそのまま通用している国というのは、どうみても政治的に成熟した社会とは言えないだろう。

4 憲法改正論議への視点
――まず憲法改正国民投票法の制定から着手すべきだ

変わらない「不磨の大典」としての憲法観

今年は、現行の日本国憲法が制定・公布されてから五〇年目に当たる。この間、わが国をとりまく国際環境はもちろん、国内の政治・経済・社会も憲法の運用のあり方も大きく変わってしまったが、日本国憲法の正文そのものは一度も改正されたことはない。このように、国の内外の状況は著しい変化を遂げたのに、制定当時の憲法典がまったく姿を変えずに半世紀も通用している例は、諸国の経験に照らしてきわめて珍しい。

実際、わが国でしばしば引き合いに出される先進諸国に限ってみても、まとまった憲法典をもたないイギリスの場合を別として、まずアメリカ合衆国はこれまでに一八回の改正を経験している。この回数は、同憲法が一七八七年という古い年代に制定されたことに想いを致すとき、ある意味で当然とも考えられるが、一九五八年に制定されたフランス憲法でこれまでに九回の憲法改正が行われ、また、一九四九年制定のドイツ連邦憲法（基本法）については、すでに四三回も改正されているのである（以上は一九九六年現在の数字である）。

こうした事実を前にするとき、わが国とこれらの国々とでは、そもそも「憲法」というものに関する人々の考え方が根本的に違っているのではないか、と思いたくなる。というのも、一八八九年（明治二二年）二月に制定された明治憲法も、日本国憲法の場合と同じように、半世紀以上もの間まったく改正されなかった。その背景に、憲法改正の発議権が天皇に留保され、憲法の規定も柔軟な運営を可能にするものであったというような事情があったことは言うまでもないが、さらに、憲法典を「永遠に遵行する所」の神聖な「不磨の大典」（憲法発布勅語の表現）とみる傾向が強かったことも、よく指摘されるところである。

現行憲法は、国民主権を宣言し、国民こそ国政のあり方を最終的に決める原動力と位置づけた。したがって、明治憲法時代の考え方は根本から覆されたように見えるが、憲法典を「不磨の大典」として神聖視する見方は、そのまま引き継がれた。いわゆる民主憲法・平和憲法の名のもと、憲法改正論議がほとんどタブー化されてしまったところにそれはよく表れているが、学説の上でも、憲法改正についてあれこれの限界があると説くものは多い（ここではむろん、第九条は改正しえない条項の一つに数えられる）。復古主義的な改正志向に対する警戒を呼び掛けるという意味で、いわゆる護憲派の主張にも聴くべきものはあるが、一方で国民主権の意義を強調しつつ、他方でその表現である憲法改正にいろいろな限界があると説くのは、矛盾というべきだろう。

すっかり「囚われの主権者」になった国民

一般に、国民発案（イニシアチブ）や国民表決（レファレンダム）といった直接民主制的な技術を取り入れた政治制度は、国民が選挙と代表議会を通してしかその意思を表明できない古典的な代表民主制と区別する意味で、とくに「半直接民主制」と呼ばれる。この制度は、スイスやアメリカ諸州では、すでに一九世紀から採用されていたが、第一次世界大戦後に制定されたヨーロッパ大陸諸国の新憲法でも、この半直接民主制が採用されるようになった。

その傾向は第二次大戦後いっそう強まり、戦後制定された各国の憲法典は、多かれ少なかれ、いろいろな形でイニシアチブやレファレンダムの制度を取り入れている。一九四六年のフランス第四共和制憲法、翌一九四七年のイタリア憲法、一九四六年から五三年にかけて制定されたドイツ各州の憲法、一九五八年のフランス第五共和制憲法、そして最近のスペイン憲法（一九七八年）などその実例は多く、しかも国民主権の原理は、たんに憲法改正だけでなく、通常の法律などもそれらの制度の対象とするところまで突き進んでいる。

これらと比較した場合、日本国憲法は、憲法改正について国民投票を定めている点で、明らかにこの半直接民主制の系譜に属する。ただ、他の多くの憲法典に見られるイニシアチブをまったく予定していない点において、また、多くの国が議会の制定した法律に対しても認めるレファレンダムの制度をとくに憲法改正の場合に限定している点において、いわば初歩的な半直接民主制の部類に入るといってよい。

この初歩的な半直接民主制も、しかし、実際に運用されたことはない。何より、国民を主権者とした現行憲法の制定に際して、国民投票など行われなかったし、その後も憲法改正という場面はまったくなく、国民はその主権を直接行使できる機会を一度も恵まれなかったからである。常に、国民は、国会議員の選挙という間接的な方法によってしかその意思を表明しえない立場に置かれてきたわけで、今日にいたるまで旧態依然とした古典的な代表民主制の枠の中に閉じ込められてきたのである。このような国民の姿を、私は、とくに「囚われの主権者」と呼んでいるが、さらに不都合なことに、すでに述べた通り、多くの憲法学者によって、その憲法改正権にも限界がある、つまり制約があると説かれているのである。

まず憲法改正国民投票法の制定を

幸か不幸か、憲法施行後これまで憲法改正に向けた国会議員の発議が具体的に行われたことは、一度もない。そのため、実は、もっと困った状況があるということもあまり意識されていない。というのは、憲法改正について現実に国民投票を行おうとすれば、誰が投票権をもつか、国会による発議提案と投票期日との間をどのくらいみるか、どういう投票が有効でどれが無効になるかといった事柄はかならず問題になるが、国民投票制度を実施するための要件や手続などを定める法（仮に「憲法改正国民投票法」と呼ぶ）は、現在（一九九六年）にいたるまで制定されていないのである。

ということは、国民投票に参加しうる資格のような最も基本的な問題すら決着していないわけで、日本国憲法が予定している半直接民主制のしくみは、もともと現状では働く体制になっていないのである。その意味で、わが国の国民主権は、半ば凍結されているといってよい。

もちろん、憲法改正国民投票法の問題は、憲法改正が具体的な日程に上ったときに検討すればよいことだ、と考える人があるかも知れない。けれども、国民投票に関する問題は、慎重な検討を要する事項をたくさん含んでいて、そう簡単に決着がつくものではなく、具体的な憲法改正の動きが目前に迫った時に急いで答えを出すよりも、むしろ冷静な時にあらかじめ決めておくほうがずっと望ましい。

たとえば、投票方式や投票用紙などの問題は、一見、かなり技術的な事柄のようであるが、実際には、投票単位の問題とあいまって大きな論点をはらんでいる。というのは、複数の条文にわたる部分的な憲法改正の場合、一事項につき一投票をするか、複数事項をまとめて一投票に付すかは、結果に大きな影響をおよぼす。具体的な一例を示すと、参議院に推薦議員を加える改正案と参議院議員の任期を短縮する改正案とは、議院の構成を変えるかわりに議員の任期も変えるというセット提案と考えられるが、これらが別々に投票に付された場合には、前者は否定され後者のみ承認されるという事態も起こりうるのである。

この点については、かつて自治庁の発表した「日本国憲法改正国民投票法案」（昭和二十八年二月）が想い起こされる。だが、その法案がこうした問題をどう考えているか明らかでなく、また「国民投票法案」とはいうものの、投票の効力などに関する訴訟や投票の効果などの規定はすべて「未定」とされ、その後これらの問題について検討が進められた形跡もない。是非とも真剣な議論が必要なところであろう。

日本国憲法にはナイーブなところがある

これまで一般に、日本国憲法は、国民主権・基本的人権の尊重・平和主義を基本原理とすると説かれ、いかにも現代憲法の典型であるかのような印象を与えられてきた。たしかに、それまでの明治憲法と比較してみると、国民主権の原理は画期的であり、国民の権利保障も根本的に改善されるなど、注目すべきところがある。だが、そもそも、現行憲法の内容は右のいわゆる三大原理に集約して説明しなくてはならないものではなく、現に、議会制民主主義とアメリカ型の法の支配こそ、憲法の基本原理だとみる考え方もある。

また、より広く比較憲法史的な視野でみると、国民主権の原理や基本的人権の尊重といったことは、格別目新しいものではない。いわゆる平和主義についても、それが国防のための戦力・武力をも一切否定することを意味するなら、たしかに他に類例がなく文字どおり新機軸といえるかも知れないが、他方、そういう意味での平和主義が独立国家にとって理性的な選択といえるかは、根本的に問題視されよう。

すでに述べたような初歩的な半直接民主制をとっている点、また、議院内閣制を形づくる諸準則を議会支配制の要素を取り入れつつ詳しく明文化した点などからみて、私は、むしろ日本国憲法は第一次世界大戦後のヨーロッパ大陸諸国の憲法類型に近い、と考えている。そして、憲法が国会を「国権の最高機関」とし、立法権や財政処理権限を国会に与えていることから、人はしばしば「国会中心主義」というが、それに伴って生じる問題や「国会中心主義」で処理できない事態が起こったときの対応などについて、憲法は何ら示すところがなく、その意味で日本国憲法はきわめてナイーブなのである。

こういうと、人は、いわゆる国家緊急権をまず思い浮べるかも知れない。しかし、国家緊急権の問題は、憲法の定める「国会中心主義」などを超えた国家の存立そのものに関わるものである。むろん、この点についての検討も必要であろうが、私がいまナイーブだと評言したのは、そうした問題ではなく、むしろもっと身近で平常的な事態への対処に関してである。たとえば、諸外国の憲法は、次年度予算法が今年度内に成立しないという事態が起こりうることを予想し、その場合の措置を必ず規定している。これは、そうした事態が生じたとき政府の対応が恣意に流れることをおそれたためであるが、日本国憲法の場合にはその種の規定がまったくない。そこで財政法の「暫定予算」制度があると言われるが、これすら成立しなかった場合が何度もあり、「予算の空白」という事態を招いてきたのである。

◆国会両議院に「憲法委員会」の設置を

先頃（一九九四年）、読売新聞社が独自に練り上げた改正試案を公表し、話題となった。それは、全体として、現代型の憲法のあり方をよく探ったものだとは思うが、どうしても安全保障・参議院改革・憲法裁判所構想など、やや特定の問題に関心が集中しすぎている嫌いがあるかに見受けられる。この点は、機会をみて起案に関わった同社の関係の方々にも申し上げたが、一般的にいって、これまで発表されてきたいろいろな改正私案にも、そうした傾向がうかがわれる。

しかし、およそ国の憲法秩序は、憲法典の諸規定のみで成り立っているわけではない。形の上では普通の法令でありながら、その実質は国政の運営に大きな影響を及ぼす「憲法附属法」といわれる規定の内容もそれに劣らず大切なもので、憲法典の規定が比較的簡潔であったり、大綱的なものであったりする場合には、この憲法附属法のもつ意味はとくに大きい。現に、明治憲法の起草に際しては、議院法・選挙法・会計法などの草案が並行して検討され、憲法制定と同時に制定されたし、現行憲法のもとでも、憲法施行にあわせて皇室典範・内閣法・財政法・裁判所法・国会法などが制定された。こうして、憲法典の規定のみでは判らない具体的な憲法制度全体の姿が浮き彫りにされたのである。

その意味で、憲法改正論議は、憲法典の規定を変更することだけにこだわるのでなく、憲法附属法のあり方をどうするかを含めて行われるべきであろう。いわゆる首相公選制の導入の問題を例にとれば、議院内閣制を定めた憲法典の大きな変更であるばかりでなく、同時に、公職選挙法・内閣法・国家行政組織法といった諸法の改正にも連動している。したがって、首相公選制論者がかつて「中央政治機構」大綱案をも用意したのは当然であったが、このように憲法改正の必要を説く場合には、たんなる憲法改正案にとどまらず、あわせて主要な憲法附属法の骨子だけでも示すことが望まれる。

そのためには、平素、継続的で全体的な検討を積み重ねておくことが是非とも必要である。国会両議院は、この問題を民間に任せておくのでなく、憲法改正提案権をもつ機関として「憲法委員会」といったものを設け、不断の検討をする責任があるのではないかと思う。その際、その第一の任務が、先に述べた憲法改正国民投票法の制定にあることは言うまでもない。

5　国民的な憲法論議を期待する

大きく変化した国民の憲法意識

明治憲法以来、日本では、憲法というものを不磨の大典のように神聖視し、国民道徳化する傾向が強いことは、すでに多くの論者によって繰り返し指摘されてきた。私も、かつて同じことを述べたが（本書4「憲法改正論議への視点」）、加えて、国法の秩序をピラミッドに見立て、その頂点に憲法を位置づけるピラミッド的憲法観又は憲法偏重の法秩序観が根強いことも見逃せない。現に、どの六法全書を開いても憲法から始まっており、何でも憲法の中に読み込めるような誤解も生まれている。だが、国民生活にとって真に重要なのはむしろ民法・刑法・商法などであり、このことは、憲法が何度も変わったフランスで、ナポレオン時代に制定された民法典が修正を受けつつ長く存続してきた事実からも明らかだろう。

さらに、日本国憲法が基本的に占領管理体制の中で制定され、長く米ソによる冷戦構造の中で運用されてきた結果、国民は、自らの判断と責任による社会秩序の形成と政治体制の防衛という根本課題に直面することなく過ごしてきたことも、注意したい。そこから、秩序と治安の要請を軽視した無責任な「自由」や国際社会の現実と力学を無視した観念的な「平和」を当然視する風潮が生み出された。これとともに、憲法解釈の争いをイデオロギー対立のように考える傾向が強まり、防衛問題と安全保障政策との関係に見られるように、憲法論と政策論との混同が行われてきたのであり、「非武装中立」論はその典型である。

だが、佐々淳行氏の『ポリティコ・ミリタリーのすすめ』（都市出版）にも詳述されているように、数多の事件を通して日本の「安全保障行政」の不備は次第に露呈してきた。そしてソ連崩壊、湾岸戦争、阪神・淡路大震災、地下鉄サリン、北朝鮮ミサイル発射・工作船の領海侵犯といった一連の出来事によって、そうした虚構の神話に包まれた「戦後的自明性」は完全に崩壊した。その結果、大規模災害対策や危機管理法制の必要も認識され、どの新聞の世論調査でも憲法改正に賛成する意見が大半を占めるようになり、今では憲法改正や有事法制に対するタブーは、ほぼ解消したといってよい。

歓迎すべき憲法調査会の発足

そうした状況をうけて、このたび超党派の憲法調査委員会設置推進議員連盟（憲法議運）の活動が実り、国会法の改正により衆参両議院に憲法調査会が設けられ、両院でテーマを分担する形で活動を開始した（二〇〇〇年）。これは、従来の固定的な憲法意識が薄れた結果であり、健全な憲法論議を育てる契機になろう。むろん、こうした組織を各議院に設けるのに、なぜ国会法の改正という形をとらなくてはならないのか、議院の自律権を保障した憲法の精神に照らして理解に苦しむところもあるが、今はこの点には立ち入らない。

憲法調査会については、議院運営委員会理事会の申し合わせにより「調査期間は、おおむね五年程度を目途とする」とされている。この点をとらえて、その間は憲法改正を凍結したものだとむしろ消極的にみる向きもないではないが、そもそも半世紀以上一度も経験したことのない憲法改正の発議・提案がそう短時間のうちに行われるとも思われず、そうした見方は当たるまい。私としては、かねて「国民の最高機関」である国会両議院に憲法に関する調査検討の場がないのはおかしいと訴えてきただけに、調査会の発足を素直に歓迎している。

最大野党である民主党は、鳩山代表直属の組織として憲法調査会（会長・鹿野道彦副代表）を設け、昨年末からすでに活動を開始している。これは政界における憲法論議をリードしようという姿勢を示すもので、従来の野党勢力が憲法改正について長い間きわめて消極的な立場をとり、政府の憲法解釈を追及するばかりで、自らの憲法構想を積極的に打ち出し国民に問うという努力を怠ってきた印象が強いだけに、大いに注目すべきものがある。

また、憲法調査会の設置に反対した社民党や共産党も、その議論には積極的に参加する姿勢を示しており、これは国民的な憲法論議にとって大事な要素となるであろう。

憲法調査会の発足は、この問題に消極姿勢を示してきた朝日新聞その他のマス・メディアに対しても大きな「揺さぶり効果」をもつに違いないが、いわゆる護憲派も含めて憲法学者が広く意見を求められることは確実で、憲法学界としては立場を超えてその力量が試されることになろう。その意味でも、調査会の動向に注目したい。

不十分な従来の憲法改正提案

衆知のように、かつて内閣に憲法調査会（会長・高柳賢三東大名誉教授）が設けられたものの、野党筋は憲法改正を目論むものとして反発し、委員を送らなかったため、同調査会は、現行憲法制定の経過を始めとする重要な論点について検討した大部の報告書をまとめながら、各委員の個別意見を列挙するにとどまった（一九六四年）。

その論議を引き継ぐ形で、自民党は、党内の憲法調査会で検討を重ね、一九七二年（昭四七）には「稲葉試案」を、その十年後の一九七二年（昭五七）には総括小委員会による「中間報告」をまとめた。この報告では、例えば、戦争の放棄については、現行九条二項を削り、「わが国の平和と独立を守り、国の安全を保つため、自衛隊をおく」「内閣総理大臣は、国会の承認を得て、防衛状態を宣言する」との改正試案を示したが、「この時期における改正には、なお、総合的判断にまたなければならない」とした。また、人権規定についても、「自由、権利として新設すべきものは、何ら主張されなかった」「環境権を新たに規定すべきだとする意見は特になかった」こと、「プライバシーの権利は憲法に書き込むべきものではないとの考え方は各委員共通のもの」だったことを伝えている。

冷戦が終焉した後、体制選択の問題やイデオロギー対立の時代は幕を閉じ、湾岸戦争などの教訓から積極的な国際貢献の必要も叫ばれるようになり、憲法論議をめぐる環境は大きく変化したが、一九九四年（平六）十一月に公表された読売新聞社「憲法改正試案」（全一〇八カ条）は、こうした国内外の情勢をふまえて現行憲法を大幅に見直そうとした意欲的なものである。とくに、①「戦争の放棄」に代えて自衛組織を明記した「安全保障」とし、新たに「国際協力」を設ける、②人権規定として人格権や環境権を明文化する、③参議院に条約締結承認権・高級公務員の任命承認権につき優越を認める、④最高裁判所とは別の「憲法裁判所」を設けるといった点で、従来にない注目すべき提案となっている。

だが、国会・内閣・地方自治・財政に関係する条項などは、基本的に現行憲法と変わらない。とくに両議院組織法、つまり衆参両議院議員の選挙法は、現行憲法と同様に「法律でこれを定める」とされ、憲法上特定されていない。そのため、参議院のあり方が、人事案件に優越的権限をもち、憲法裁判所裁判官の指名権をもつ機関としてふさわしいものになるかは、はっきりしない。最近、自民党の愛知和男氏や自由党党首の小沢一郎氏なども、各々独自の憲法改正案を公表しているが、なお包括的な改正試案とはいえないように思われる。

建設的な憲法論議のために

なぜそうなのか、それを日本国憲法に即して以下数点にわたって説明したいが、これは同時に、憲法調査会に対する私の希望をも含んでいる。

憲法附属法との関連性

第一に、日本国憲法は、比較法的にみて簡短な規定からなることをよく認識すべきである。憲法条規が簡短だというのは、その具体的な内容を決める役割を国会・内閣などに委ねることを意味するが、およそ憲法典の規定が簡短であるなら、選挙法・国会法・内閣法・裁判所法・財政法などの憲法附属法が、憲法体制の内実や国政運用の実質を決定するものとして重みを増す。そうすると、憲法典とともに憲法附属法の内容を視野に入れておくことが大事で、こうして初めて具体的な構想をもった憲法案として有益なものになる。かなり整った形の読売新聞の憲法改正案が肝腎なところではっきりしないのは、その検討がなかったためであり、他の改正案に対しても同様の印象を禁じえない。

このことは、人権を制限する根拠となる「公共の福祉」の場合に著しい。すなわち現行憲法の人権条項は、権利自由を制限する可能性をほとんど示さず、その限界を具体的に明文化していない点で、世界人権宣言レベルのものである。そのため、裁判所（とくに最高裁判所）は、「公共の福祉」という文言の解釈を通して権利自由の限界を指示するという形をとり、本来権利自由の保障に仕えるべき立場なのに秩序維持を重視しているような印象を国民に与えており、きわめて損な役回りを演じざるをえなくなっている。これは、実効的な権利保護という点で望ましくなく、むしろ「公共の福祉」の内実を、せめて国際人権規約（自由権規約）やヨーロッパ人権条約並みに、「国の安全、公の秩序及び公衆の健康・道徳の保護、他の者の権利・自由・信用の尊重」といった形で明文化すべきであろう。

誤解のないように付言すれば、裁判所は、半世紀の歩みを通して、とくに人権分野においては着実に重要な憲法判例を蓄積してきたが、この点については、当然のことながら、弁護士界の並々ならぬ努力があったことを忘れるわけにはいかない。今のところ、憲法判例の根本から覆すべきものはほとんど見当らないように思うが、そうした司法的先例を適切に考慮し、そのエッセンスを明文化することも十分検討に値しよう。

国家緊急権の制度化

第二に、日本国憲法は、国家的な危機にそなえた規定をほとんど設けていない点において、いわば牧歌的でナイーブである。この点では、財政条項の中で予算の不成立といった事態への対処規定がないことなども気になるが、直ちに思い浮ぶのは、国家緊急権を制度化する有事法制の問題である。有事法制とは、国家的な緊急事態に際して国のとるべき諸措置に関して定める法規の全体を指すが、これに関する規定は現行憲法にはまったくない。そのため、かつて憲法学界では国家緊急権の存否自体について喧しい論争があったが、さすがに今日では、それを全面的に否定したり殊更に無視したりする学説は少なくなったように思われる。

ただ、従来の有事法制論議は、どの国でも見られる権利・自由の一時停止という問題をことさら避けてきた感があり、この点を抜きにした議論は再び観念論に陥るおそれがある。また、国家緊急権の制度化は、確かに平常事態を律する通常規範を破り、例外的に強い国家性の要求に応ずるものであったが、この点のみに目を奪われてはならない。むしろ、一九六八年のドイツ憲法改正のように、例外事態に対応した一定の準則性・法治性を要求するという形で、積極的に論じるべきであろう。

通常の戦時に対応する自衛権の問題は、これとは区別しなくてはならない。私は、防衛力の是非をはっきりさせるだけならすでに決着済みで、憲法九条の改正は不要だが、いわゆるＰＫＯ協力を含めて自衛隊を積極的に位置づけようとするなら、憲法改正をおこなうのが正道であると考える。前記のように、防衛問題と集団安全保障のあり方とは別次元のものであるから、読売新聞の憲法改正案のように、国防又は防衛ではなく「安全保障」とするのは妥当でない。他方、集団的自衛権については、衆知のように、歴代政府（つまり内閣法政局）は、権利はあるが行使はできないという見解をとり、閉塞状況に陥っているように見える。ここで再検討をすべきことは当然であろう。

規定全般の論議

第三に、安全保障など特定問題に集中したり、逆に、天皇制のあり方など特定問題を避けたりするようなことは止めたい。むしろ、日本国憲法の規定全般にわたって論議するとともに、不文の憲法原理にまで立ち返って検討し、その対象に聖域なしという雰囲気を醸成することが大事である。このことは、最初に述べたように、憲法構造をできるだけ組織だった形で具体化するという点と密接に関連しているが、そのためには、例えば、かつての内閣「憲法調査会」が作成した各種の報告書を復刊して、広く国民の利用に供することも一案である。

というのも、そこには「憲法問題の百科全書」（A・オプラー）といわれるほど多様な論点と意見とが数多く掲記されている。にもかかわらず、今日それをもっている国民は数えるほどしかなく、この点では国会議員も研究者も事情に変わりはないからである。憲法調査会としては、いかにも地味な仕事に見えるかも知れないが、本格的な検討・立案のために不可欠な材料をそろえる基礎作業の一環として、是非取り組んでほしい。その復刊のための経費などはたやすく捻出できるはずで、民間の出版社なら喜んで刊行を引き受けてくれるはずである。

国民表決・国民発案

第四に、しばしば強調される国民主権の原理についても、これまでの実際政治を踏まえた根本的な反省が必要である（本書4の拙文参照）。すなわち国民は、もともと「半直接民主制」として構想された現行憲法の代表民主制のもと、国政選挙のみならず憲法改正に関する国民表決（レファンダム）という方法を通して、主権を行使する国家機関とされる。けれども、現実には、半世紀以上も国会議員の選挙権しか行使したことがなく、とうに「囚われの主権者」にすぎなくなっている。

この点で早急に検討すべきは、そうした国民主権の典型的な表れとなるべき憲法改正国民投票法の立案である。これについては、先の論考で指摘したので、ここでは繰り返さないが、「半直接民主制」という理念からすれば、諸国でよく用いられている国民発案（イニシアチブ）のような制度も検討対象となってしかるべきであろう。これは裁判でよく問題になる「立法の不作為」という問題に対する一つの答えにもなるに違いない。

6　憲法「改革」の時代を迎えて

最高法規としての憲法と憲法改正

行政改革会議の報告書（平成九年一二月）以来、司馬遼太郎が用いた「この国のかたち」、そしてその「再構築」といったことばをよく耳にするようになった。ここで「この国のかたち」というのは、おそらく日本の憲法体制または憲法秩序といったものを指しており、その「再構築」とは、要するに、内閣法・国家行政組織法・国会法・裁判所法・財政法といった「憲法附属法」の見直しによって、そうした憲法体制の建て直しをおこなう必要があるということを言おうとしているのであろう。

しかし、このように憲法体制の建て直しを図ろうというのであれば、外国人からは、端的に「日本国憲法」という憲法典の改正を通してこそ実現すべきものではないかとの異論がすぐに寄せられそうである。残念ながら、そうはいかないところに、日本における憲法論議の特徴——あえて言えば問題点——がある。ここにも、外国の目から見ると、日本の政治というもののわかりにくい要因があるように思われるが、これは一体どういうことなのか。そうした問題についてここでは少し考えてみたい。

「憲法」ということばにはいろいろな意味があるが、最も一般的なイメージとして定着しているのは、国政を担う統治機構のあり方と国民に保障される権利・利益の内容を示すことによって、国政の基本的な見取図やその指針または内容を原則的な規範の形で表した最高法典というものであろう。現に、全一〇三カ条からなる日本国憲法は、天皇・国会・内閣・裁判所・会計検査院といった国家機関を設けてそれぞれの役割を明らかにするとともに、「国民の権利及び義務」と題して多くの基本権を列挙しており、戦争放棄の条項とともに、日本の国政のあるべき姿が一応ひと目でわかるようなスタイルをとっている。

憲法にはまた、その規定が時代の推移や環境の変化によって色褪せたり死文化したりすることのないように、必要に応じて変更することができるための改正手続きも、併せて書き込まれるのがふつうである。しかし同時に、「最高法規」とされる憲法典で定めた国政のあり方をある程度安定したものにするために、憲法改正の方法については、通常の議会制定法を改廃するのとは違った特別の慎重な手続を必要とするというやり方も、多くの国でおこなわれている。

現に日本国憲法九六条は、憲法改正手続を明記しているが、そのためには、法律が通常の多数決で決定されるのとは異なり、衆参両院においてそれぞれ三分の二以上の議員の賛成で改正案を議決するという特別多数決の要件を課している。しかも、憲法改正が正式に成立するには、さらに国民投票にかけ、その過半数の賛成を得なければならないことまで要求しており、それはしばしば国民主権の原理を採用した日本国憲法の帰結だとも説かれる。にもかかわらず、国民による主権行使にも「限界」があると解されていることは、後に述べるとおりであるが、いずれにしても憲法典は自ら修正されることを予定しているわけである。

明治以来の「不磨の大典」イメージ

ところが、日本では、明治憲法の成立から今日に至るまで、いったん定められた憲法は、およそ変更することのできない「不磨の大典」であるかのように受け取る傾向が強く、その感覚は多くの人々の中になお根強く残っている。この「不磨の大典」ということばは、もともと明治憲法の発布勅語などで使われていたものである。明治憲法の場合は、確かに、一九世紀前半の南ドイツ諸国と同じような君主主義の原理に立って、明治天皇が「祖宗に承くるの大権に依り」親しく制定するという建前をとっていた。そのため、憲法は神聖な「不磨の大典」でなくてはならず、その改正手続を定めた明治憲法七六条も、わざわざ「将来此の憲法の条項を改正するの必要あるときは」という書き方をした上で、とくに「勅命を以て議案を帝国議会の議に付すべし」と述べたのである。

とはいえ、それは、すでに制定当初から、文字どおりの「不磨の大典」などとは決して考えられていなかった。そのことは、明治憲法の半官的な注釈書である伊藤博文の『憲法義解』ですら、「憲法は我が天皇の親く之を制定し……以て不磨の大典となす所なり。故に憲法は紛更を容さず」

と述べつつも、「但し、法は社会の必要に調熟して其の効用を為す者なり。故に国体の大綱は万世に亘り永遠恒久にして移動すべからずと雖も、政制の節目は世運と倶に時宜を酌量して之を変通するは亦已むべからざるの必要たらずむばあらず。本条は将来に向て此の憲法の条項を改定するの事あるを禁ぜず。而して憲法を改定する為に更に特別の要件を定めたり」と説明していたことからわかる。

しかしながら、明治憲法が施行されていた半世紀以上の間に日本を取り巻く時代状況は大きく変わった。とくに第一次世界大戦を経てからは、いわゆる社会国家思想を取り入れた一九一九年のワイマール憲法の制定に代表されるように、憲法のあり方も大きく変わった。にもかかわらず、憲法改正問題が政治日程に上ることはなかった。それは、右のように憲法改正の議案提出権が天皇に留保されていたということも関係しているが、基本的には、かつて金子堅太郎も述べたように、明治憲法の規定が、「帝国の政治に関する大綱目のみに止め、その条文の如きも簡短明瞭にし、且つ将来国運の進展に順応する様、伸縮自在たるべきこと」という起草方針で貫かれており、初めから柔軟な運営を可能にするような性質を備えていたことによるところが大きい。

こうして憲法改正問題は、一九四五年（昭二〇）八月のポツダム宣言の受諾後に現実化するが、これに続く日本国憲法の原案が連合国軍総司令部（ＧＨＱ）民政局の「憲法制定会議」で作られ、その後の日本側の制定作業が総司令部の厳しい監視の下におこなわれたという事実は、今日すでに白日の下に晒されている。これを見る限り、学者のいわゆる憲法自律性の原則が守られたかというと、かなり怪しいと言わざるをえまい。

そこで、日本国憲法の制定過程が全体として「押しつけ」であったかどうかが、今でも議論されるわけである。だが、ここで問題なのは、狭い意味での制定過程自体の評価でなく、国家理念なり国家目標なりを示すべき国の基本法である憲法について、国民が積極的に関与し、それを正統化する機会をもつことなく制定され、運用されてきたという点である。もちろん、いわゆる憲法制定議会の前には衆議院総議員選挙がおこなわれ、議会の組織は新たになったが、この議会は常に総司令部の監視下にあったし、国民投票による承認という手続もとられなかった。また、その制定過程自体、長い間国民の前に明らかにされることもなかった。要するに、ポツダム宣言にいう「日本国国民の自由に表明せる意思」にしたがったものではなかったし、占領解除後に国民投票といったことも行なわれなかった。すべてはいわば黙示の追認によるという形で、日本国憲法が機能してきたわけである。

明治憲法の制定過程については、国民が関与しない形で秘密裏に起草され、国民代表議会でもない枢密院で決定されたということが、しばしば強調される。しかし、だからといって、日本国憲法の制定過程について、国民の間の自由な論議が交わされ、名実ともに国民が「この憲法を制定する」という形をとったというわけでもないのである。

静態的な憲法観と日本国憲法の聖典化

それはともかく、日本では、制度や秩序について、ある時期に作られたものを絶対視し、これを金科玉条とする傾向も強い。それは「静態的な憲法観」といってよいもので、その意味において前記の「不磨の大典」感覚と通じるものがある。こうした静態的な制度観や秩序観は、憲法の場合に限らず、いま話題になっている教育基本法や少年法の改正問題についても、看取することができる。

これに加えて、とくに日本国憲法体制下の特徴としては、憲法というものを理想の聖典であるかのように取り扱う傾向が強いことを挙げることができよう。その背景に「不磨の大典」観と並んで、占領管理体制と冷戦構造によって規定されてきたことも、大きな事情としてある。つまり、占領軍によっておこなわれた憲法制定過程が封印されるとともに、自由・安全・平和をめぐる虚構と神話が支配し、一種の「戦後的自明性」が形づくられていたことが挙げられよう。

すなわち、まず、占領管理体制は、日本国民が、自らの判断と責任によって国内秩序を形成し、体制の防衛をおこなうという根本課題に直面することなく、占領軍によって守られた自由・治安・平和という状態を所与のものとして当然視する風潮を生み出した。また、サンフランシスコ平和条約による主権回復後の日米安保体制と再軍備過程、そして三〇年以上に及ぶ「五五年体制」は、「保守」対「革新」という構図を定着させ、米ソの冷戦構造を国内化し、とくに平和主義条項をめぐる解釈をイデオロギー化させてしまった。

しかも、主として「進歩的学者」が担った憲法解釈は、自民党長期政権の進める現実的政策に対抗する意味合いを強くもつとともに、秩序と治安の要請を軽視した観念的な議論を展開してきた。その例は、デモ行進を規制する公安条例の合憲性に関して、最高裁判所が有名な「集団暴徒」論を述べた時に、これを強く批判した論調に表れている。

これに加えて、一定の政治的傾向をもった大手の出版社などの編集陣による柔らかな私的「検閲」の問題もあった。これは、その意に添わない原稿の掲載を拒否したり、執筆者の差替えを要求したりする形でおこなわれるもので、考えてみれば、どの時代でも存在することかもしれない。だが、今日のように多様なメディアが存在しなかった時期であったから、その姿勢が憲法問題に関する異論を極力排除することによって、いわば思想の自由市場を機能不全に陥らせる結果を招いたことの意味は、きわめて大きい。いずれにせよ、こうして、マスメディアも憲法学界も、外国制度の比較を通じて日本国憲法を客観的に眺め、相対化するといった批判的な視点を欠くことになってしまったといってよい。

前記のように、日本には、明治憲法以来、憲法典を「不磨の大典」として理想化・神聖視し、国民道徳化する伝統が根強くあるが、この伝統の上に、今度は、冷戦構造を背景としてイデオロギー的な憲法解釈が横行し、憲法論と政策論との混同もしばしば見られた。その適例は、国防または自衛隊の可否という憲法問題と安全保障のあり方という政策問題との混同である。かつて有力に唱えられたことのある「非武装中立」論は、その傾向を代表するものであったといえよう。というのも、確かに「非武装」は憲法九条の解釈問題にかかわるが、「中立」は明らかに安全保障政策の問題そのものだからである。

また、かつて喧しく論議された防衛費GNP一％枠問題のように、違憲合憲という問題とはまったく関係のない場面で憲法が持ち出されることもあったが、これも同じことで、違憲合憲の憲法問題ではなく、それが政治的にみて妥当かどうかという政策論として問題にすべきものであった。

以上のような状況が続いた結果として、明治前期憲政史を飾ったような各自の憲法構想を自由に提示する憲法制度構想力というべきものが著しく低下したことは、間違いない。憲法学者といわれる人々の中には、専門用語を駆使した憲法「解釈」には妙に詳しいが、その反面、その「解釈」の前提を疑うような議論には背を向けるといった傾向もある。したがって、現行憲法の予想していないような事態が起こると、どう対応すべきか困惑してしまうのである。憲法は国家の基本法だとされ、それに関する研究に従事していながら、国家的災厄に対しての責任感などほとんど持ち合わせていないのが実情である。これでは大きな制度改革の時代の中で憲法学者が顧みられないのは、当然というべきであろう。

牧歌的な日本国憲法の規定のしかた

さて、第二次世界大戦後に制定された憲法としては、ヨーロッパ地域だけに限っても、日本国憲法とほぼ同時期に制定された一九四七年のイタリア憲法、一九四九年のドイツ連邦憲法、一九五八年のフランス憲法などがある。これらの国では、それぞれの事情に応じて幾度かの憲法改正を経験してきたが、そこに盛り込まれた内容をみると、日本国憲法の規定のしかたがいかに牧歌的なものであるかということがよくわかる。

例えば、日本国憲法は、国家緊急権、予算不成立、立法の委任の限界、政党の位置付け、条約の位置付けといった規定をまったく欠いているが、これらは今日の他の憲法ではふつうに見られるものである。また、憲法改正を予定しながら、そのために必要な法律――「憲法改正国民投票法」というべきもの――も、未だに制定されていないのが現実である。最近では、環境権・プライバシー権などを明記すべきだという意見がかなり強いが、それ以前に検討すべき課題を挙げただけでも、すでにこれだけ残されているのである。

このうち、とくに国家緊急権の問題について言えば、いわゆる有事法制とは、それを制度化するためのものであり、緊急事態に際して国家のとるべき諸措置に関して定める法規全体を指している。しかし、そうした国家緊急権に関する規定が現行憲法にはないため、かつて憲法学界では、その存否について喧しい論争があったりした。しかし、一九九〇年前半までには、各種の「安全保障行政」の不備が露呈し、また、その後の阪神・淡路大震災、オウム真理教による地下鉄サリン事件、北朝鮮によるテポドン発射・不審工作船侵入といった数々の事件によって、自由・安全・平和などをめぐる虚構と神話で飾られた「戦後的自明性」が崩壊して以来は、これをまったく否定したり無視したりする学説は、さすがに少なくなったように思われる。

ついでに言えば、従来、こうした有事法制の問題については、権利自由の一時停止という問題がことさら避けられてきた感がある。だが、この点を抜きにした有事法制論議は本来ありえない。また、国家緊急権という考え方は、確かに平常事態を律する通常規範を破り、きわめて強い国家性の要求に応ずるものではあるが、この点のみに目を奪われてはなるまい。これについては、一九六八年のドイツ憲法の改正が示しているように、例外的な事態に対応した一定の準則性や法治性を強く要求するという形で、むしろ積極的に論じるべきものであろう。

これに関連して、集団的自衛権の問題がある。この問題について、内閣法制局の見解は、権利はあるものの行使できないという衆知の論法をとり、すっかり閉塞状況に陥っているように思われる。また、有力な学説は、日本国憲法の下では認められないと解しているが、それがもし憲法九条解釈を根拠に集団的自衛権を否定するのであれば、憲法は個別的自衛権の問題のみを規定しているにすぎないから、論理的な整合性を欠いていると評さざるをえまい。他方、集団的自衛権はあるという前提に立つならば、それをことさら憲法に明記する必要はないとも考えられるが、政府見解が右のごとくであるなら、これを斥けるという意味で明文化するというのも、それなりの説得力をもつであろう。

概括的で理想主義的な権利保障の規定

他方、規定のしかたとしても、日本国憲法は簡短でナイーブなところが多い。このことは、いわゆる政治組織に関する規定についてもいえるが、その点で典型的なのは権利保障規定のあり方であろう。つまり、日本国憲法の人権規定は、人権が制限される可能性をまったく示していないという点で、向かうべき目標や理想を示した世界人権宣言レベルの規定にとどまっているといってよい。こうした憲法の規定を文字どおり受け取るなら、政治的共同体の秩序を維持するための制限すらできないことになろうが、誰もそういうものだとは思わないはずである。

そこで裁判所（とくに最高裁判所）は、憲法一二条・一三条などに登場する「公共の福祉」ということばを引き合いに出して、いろいろな制約を合憲と判断しているのである。いわば「公共の福祉」は過重な負担を求められているわけであるが、ここに、本来、権利・自由の保障に仕えるべき裁判所としては、きわめて不利な役回りを演じざるをえない事情がある。つまり裁判所は、憲法に権利・自由の限界が明文化されていないために、むしろ「公共の福祉」を唯一の頼みとし、その解釈を通して権利・自由に対する制限を具体的に示さざるを得ず、いかにも判例が秩序維持を重視しているかのような錯覚を国民に与えているのである。

この点で、欧州諸国の憲法に見られる人権関係の規定や欧州人権保護条約または国際人権規約などの規定のしかたは、大いに参考になろう。というのも、ここでは権利保障の内容が相当具体的に示され、しかも各権利・自由ごとに制限される場合や条件がはっきりと明記されているからである。これによって、国民は、どういう理由で自らの権利が制限されるのか、また具体的な法令がどの点で問題となるかについて、かなり明確な形で知ることができる。日本やアメリカ憲法のように、数年（長い時は数十年）もかかる裁判を通さないと、自らの主張が憲法上保障されるべき権利に当たるかどうかがわからないやり方と、欧州諸国の憲法のようなやり方とでは、どちらがより国民のためになるであろうか。相応の議論があってしかるべきところである。

この点で注目されるのは、二〇〇〇年（平成一二年）五月三日に公表された読売新聞社の第二次憲法改正試案であろう。つまり同案一七条は、現行憲法一二条が、たんに憲法の保障する自由および権利を国民が「濫用してはならない」こと、常に「公共の福祉」のために利用する責任を負うことを定めるにすぎないのに対して、その「公共の福祉」の内容を具体化する形で、「国の安全や公の秩序、国民の健全な生活環境その他の公共の利益との調和を図り、これを濫用してはならない」という改正案を示している。これは、行き過ぎた個人主義を反省し、義務と責任のバランスを図ろうとしたものだと説明されている。右に述べた欧州人権保護条約などと比べると、他人の権利または信用の尊重という部分が抜け落ちていることはやや気になるが、いずれにしても、同社のかつての第一次憲法改正試案一六条が、たんに「常に公共の福祉との調和を図り、これを濫用してはならない」としていたのと比べると、より問題点を鮮明にしたという点において、検討に値する提案だといえよう。

憲法典にどういう事項を盛り込むか

ところで、そもそも最高法規としての憲法典には、何を規定として盛り込むべきであろうか。この問題は、実は、憲法典の役割をどうとらえるかという問題と密接に関連している。一般に、憲法典に期待される機能としては、前述のように、国政を担う統治機構のあり方と国民に保障される権利・利益を示すことによって、国政の基本的な見取り図やその指針または内容を明らかにするということがある。しかし、国政の運用に必要な規定だけを簡潔に盛り込んだ「実利的」憲法にするか、それともイデオロギー的要素を取り入れた「綱領的」憲法とするかという問題もある。また現代の憲法にとっては、国家理念や国家目標について、国旗・国歌などの定めによって間接に、あるいは明文の規定によって直接に示すということも、重要になっている。

これと密接に関係しているのが、憲法典の規模、つまりその全体の条文数の問題であり、これについても一考を要する。というのも、憲法典の規模は、「実利的」憲法であるなら短かくなり、「綱領的」憲法であるなら膨らんでくることになるが、さらに、憲法典の条文数が少ないということは、その分だけ、憲法典とともに国政のあり方にとって重要な意味をもってくる「憲法附属法」が大きな意義をもつということを意味するからである。

一般に、連邦制の国では憲法典の条文数がかなり多く、例えば三九五カ条以上を数えるインド憲法などは別格だとしても、ドイツ憲法は一六三カ条、全面改正されたばかりのスイス憲法は一九六カ条といった具合である。これに比べれば、単一国の憲法典の条文数は少ないが、それでも――ここでも二九八カ条に及ぶポルトガル憲法は別として――イタリア憲法は一三九カ条、スペイン憲法は一六九カ条ほどある。また、伝統的に直接には人権規定を含まず、比較的条文数の少ないフランス憲法でも、いわゆる統治組織に関する規定だけで八八カ条を数えており、これに現行憲法としての効力を認められる有名な一七八九年のフランス人権宣言の規定などを加えると、フランス憲法も全部で一〇五カ条以上になる計算である（以上は、二〇〇一年現在の数字を示す）。

現在の日本国憲法は全部で一〇三カ条あるが、末尾のいわゆる経過規定を除けば、現に有効な憲法規定としては九九カ条があるにすぎない。したがって、日本の場合、通常の国会制定法でありながら、実質的に憲法典と同じ働きをもつ「憲法附属法」といわれるものが、憲法体制の内実や国政運用の実質を決定するものとして、きわめて重要になってくるのである。

◆憲法附属法による憲法「改革」

この憲法附属法の役割は、憲法典の規定が簡短であればあるほど大きくなってくる。実際、現行の日本国憲法には、前記のように簡短でナイーブな規定が多い。その意味では、日本国憲法もまた、基本的には、先述のように、「政治に関する大綱目のみに止め、その条文の如きも簡短明瞭にし、且つ将来国運の進展に順応する様、伸縮自在たるべきこと」という方針の下に制定された明治憲法と同様に、運用の妙に期待できる部分もある。

その点に着目すれば、憲法附属法によって抜本的な制度改革を進めるというのも、一案であろう。そして正しくここに、冒頭で述べた「この国のかたちの再構築」を語ることの妙味がある。つまり、それは、従来のように憲法を「不磨の大典」とする固定的な憲法観との直接の摩擦を避け、内閣法・国家行政組織法といった憲法附属法の大幅な見直しによって実質的に憲法体制の転換を図ろうとするものであり、これらが「憲法解釈立法」としての意味をもつことに着目し、それが「生きた憲法」を創造するという役割に期待したものといえよう。そして現在、司法制度改革審議会を中心として制度改革に向けた議論が進められているが、これもやがて裁判所法その他の改正へとつながってくるであろう。

さらに、国会改革の問題は長い間議論されているが、斎藤十朗参議院議長の時代に設けられ、筆者も委員として加わった「参議院の将来像を考える有識者懇談会」の答申は、その一つの到達点を示したものである。すなわち同答申は、国会法を簡素化して、議院固有の組織・運営事項は議院規則等で定めること、いわゆる通年会期制を導入し、会期不継続の原則を改めること、本会議中心の運営とすることなどを提案している。このためには、しかし、明治憲法下の議院法以来、その存在が当然視されている国会法について、全面的な見直しをおこなわなくてはならない。なお、筆者自身は、議院自律権を保障した憲法の趣旨からみて、現在の国会法の大部分を占める院内事項にかかわる規定は違憲の疑いがあると考えているが、今この点に立ち入る余裕はない。

　これとは別に、国会のあり方については、選挙制度にかかわる選挙権年齢の引き下げという重要な問題もある。今日、グローバル・スタンダードということがよく言われるが、こと選挙権の年齢については、欧米諸国がほぼ一致して満一八年としているのに対し、日本ではこれに同調する動きが見られない。この問題に関する限り、日本はあくまでも孤高を守ろうというつもりなのであろうか。

　そもそも、すでに高校卒業後、就職して働き、税金も納めているかなりの数の若者たちがいる。にもかかわらず、彼らには選挙権は認められず、選挙運動に積極的に関わることすら法律で禁止されている。このことは、民主政治の理念からみて、とうてい説明できるものではない。「政治改革」というとき、この問題が俎上に上らないのは実におかしなことであるが、この点において、私は、このたび民主党によって提出された、民法その他の民事成年のみならず、刑事成年および選挙権の年齢を満一八年にしようとする法案に、全面的に賛意を表したい。

　先にも述べたように、憲法典の規定が簡短であればあるほど、憲法附属法は憲法体制の内実や国政運用の実質を決定するものとして重要性を増してくる。私は、ここに、問題を「日本国憲法」という憲法典の改正の是非のみに収斂させた「護憲」論の決定的な失敗があったと思っている。

動態的な憲法観への脱却を

しかし、右のような憲法附属法による憲法「改革」だけで、現代の激しい時代の変化や制度のあり方をめぐる考え方の進展にどこまで有効に対応できるかは、やはり問題であろう。例えば、先に紹介した「参議院有識者懇談会」の答申は、法律案の議決に関する衆議院の優越性を強めること、参議院は内閣総理大臣の指名をおこなわないようにすること、本会議の定足数の要件は議決に関するもののみとすることなどを提案しているが、これらは、民主制的な原理を重視し、議院内閣制の原則を貫くとともに、能率的な議事運営を確保するためのもので、今日の諸国の議会ではむしろ当然視されている。

そこで、こうした問題に対しては、正面から、憲法改正論議を起こすのが筋である。その際、注意すべき問題として、憲法改正の限界をめぐる議論がある。つまり日本国憲法は、国民主権の原理やその他の基本的な原理の上に成り立っているものであるから、改正といっても、そこには改正手続をもってしても変えることのできない一定の憲法規範があるというものである。この論理によれば、主権者たる国民といっても、限定された権限を有する存在にすぎないことになってしまうが、これについては、次のような総司令部内部での議論を想起すべきであろう。

すなわち、総司令部民政局で最初に作った草案では、国民の改正権に対して、一〇年間は改正できないとか、国会の四分の三以上の多数を得なければ承認されないといった、厳重な制限を設けていた。しかし、統括的な立場にあるA・ハッシィやC・ケイディスなどは、「自由主義的な憲法の起草は、責任感のある選挙民を前提にしなければならない」こと、また、「どの世代にせよ、一つの世代に次の世代が憲法を改正する自由を制約する権利があるということはない」ことを説いて、そうした制限を設けることに反対した。その結果、憲法改正手続規定は現在のような形になったのであるが、その論理は、「ある日の憲法制定権力は、将来の憲法制定権力を制約するいかなる権原も有しない」とするフランス的な考え方にも通ずるものである。

先に述べたように、日本国憲法自体は憲法改正を予定しながら、そのために必要な「憲法改正国民投票法」というべき法律は、半世紀以上経った今日（二〇〇一年）に至っても未だに制定されていない。これは、しばしば問題とされる「立法の不作為」以外の何ものでもないが、国民主権の原理を高調しながら、その点についてとくに咎める人々があまり見当たらないのは、不思議というほかない。これについては、約五〇年前の一九五三年（昭和二八年）に、当時の自治庁が「憲法改正国民投票法案」をまとめていたことが思い起こされるが、途中から「未定」とされるなど完成されたものではなかった。その後、この問題に関する進展はなく、ただ分裂前の自由党が草案を作成したことを聞くのみである。確かに、主権者たる国民を実効的に組織化し、冷静なうちに制度を整えるためには、何より同法の制定に向けた検討が進められるべきであろう。

いずれにせよ、日本の憲法論議は、ある時期に作り上げられた制度的枠組みに縛られ、一つの思考枠の中に陥ってしまって、そこから抜け出せないでいるという印象が強い。そろそろ、こうしたいわば静態的な憲法観から脱却し、「生きた憲法」という動態的な憲法観に立ってみるべきではあるまいか。このことを国会両議院の憲法調査会には望みたい。なお、一部で唱えられる「論憲」「創憲」は、憲法のどの点をどう論議し、どう改めるかを積極的に示さない限り、所詮、旧来の「護憲」の看板を付け替えただけのことばの遊戯にすぎない、との批判を甘受するほかあるまい。

7 憲法調査会への提案

間もなく憲法記念日を迎えるが、衆参両院に憲法調査会が設けられてから二年余り経った。いずれの調査会も、発足後しばらく、日本国憲法の制定過程や国のあるべき姿などのいわば総論的な問題を取り扱ってきたが、最近では、衆議院憲法調査会の場合、基本的人権の保障、政治の基本機構のあり方、国際社会における日本のあり方、そして地方自治に関する調査小委員会という四つの小委員会を設けて、主要な分野ごとに論点を整理する動きを見せている。一方の参議院憲法調査会は、昨春以来「総論」「国民主権と国の機構」をテーマとして調査を進め、現在「基本的人権」を検討しているが、今後「平和主義と安全保障」の問題に論議を移していく予定であるという。

いずれの調査会も、地方公聴会を何回か開いたりしているが、その動きは広く国民の関心を集めているとはいえないようである。そこで以下では、書生論議であることは自覚しつつ、憲法調査会の活動に関心をもち、議論の活性化を願う立場から、あえて幾つかの提案をしたい。

第一に、これまで両院の調査会はまったく別箇に調査を進めてきたが、ことがらによっては衆参両院の調査会による合同審査が望ましい場合もあり、これについては合同審査会を開くことができるよう規程を改めるべきであろう。その代表例は、衆参両院議員選挙制度と密接に関係する両院制のあり方の問題であって、これは議院の内部運営のあり方と異なり各院の枠を超えた両議院組織法を問うものとして、両調査会が合同して審査するにふさわしい。

第二に、これまでの調査会の動きは、率直に言っていかにも悠長である。これは議案提出権がなく、目に見える形で活動成果を国民に問うたり、争点を明示したりする機会がないことと無関係ではあるまい。そこで、調査会に議案提出権を認めるように制度を改めることが望ましいが、いろいろな事情から無理だとすれば、委員有志の意見という形で一定の憲法改正試案を取りまとめることも一案だろう。

第三に、とくに参議院の憲法調査会は、衆議院の調査会に比べると、その開催回数も少なく、残念ながら、あまり活発でない印象を受けるが、これは調査会の組織・運営方法にも問題があるからではないか。そもそも衆議院議員定数は四八〇人、憲法調査会は五〇人であるのに対し、参議院議員定数は二四七人と約半数であるのに、憲法調査会は四五人を数える。当然のことながら、委員は常任委員会・調査会などの委員を兼務しているため、会期末ともなると各委員の負担は大きくなり、憲法調査会は空席が目立つようになる。これでは参考人に対しても失礼であろう。そこで委員数を減らすことが望ましいが、それが無理なら、衆議院同様、小委員会方式を取り入れるべきであろう。

8　〈講演〉議会制度と憲法改正問題（平成一六年二月、憲政記念館）

ただいまご紹介いただきました京都大学の大石でございます。

さて、私の話の項目としては大きく四つに分かれております。

まず、（1）現在の日本国憲法が定める統治構造は、全体としてどういう特徴を持つのかという大きなとらえ方をします。しかし、（2）そういうある一定の特徴を持ったものが実際の運用上どういうふうに行われているか、そこに問題はないのかということが大きな二番目の話になります。では、その問題があるところをいささかでも改善しようと思うと具体的にどういうことになるかというのが、（4）「未完の統治構造改革」でございます。しかし、その統治構造改革といいますか、全体のこの国のかたちをある程度変える場合に、幾つか考え方あるいは道筋の付け方があるということで、もう一度憲法というものの考え方に立ち戻ってみたい、そこから幾つかの順路を示したいというのが（3）「憲法と統治構造改革」でございます。

はじめに

最近の新聞等を見ますと、例えば自由民主党が憲法についての案をまとめる、あるいは民主党もそれに負けじと何か改正案をつくりたいということで動きを始めたようです。あるいは公明党もまた政党レベルで検討したいということのようです。こうした新聞の論調あるいは紹介でありますと、憲法改正論議が本格化するのではないかというような見出しが躍っておりますが、正直言って私にはとてもそうは思えません。

そこでの論点というのはかなり絞り込まれたもので、例えば九条をどうするか、あるいは九条の解釈をどうするかということは盛んであります。あるいはまた、国会については参議院を廃止して、あるいは衆議院も参議院も廃止して一院制にしたほうがいいのではないかという、いわば特化した議論はたくさんあるのですけれども、憲法全体をにらんでさてどうするかという議論はほとんどないように思います。

私どもが学生時代の話ですけれども、憲法改正というのはほとんど口にも出せなかったような時代がございました。今はそういうことはございませんから、その分だけ随分気楽になった気はいたしますけれども、それにしても、憲法上さまざまな問題がある、あるいはないということを含めて、憲法に対するトータルな理解が深まっているのかというと、私自身は必ずしもそうとは思っておりません。

従来多かったのは九条の問題、それに時々浮かび上がるのは――あまりいい言葉ではありませんが――参議院不要論みたいな議論です。しかし、それだけではなくて、憲法上の論点はたくさんあり、維持しなくてはいけないところもある、変えなくてはいけないところもある。非常に多岐にわたっている論点を、いわばきちんと整理した形で議論しようというところがないのは残念なことと思っております。

本来は国権の最高機関である国会の憲法調査会の場でそういうことがなされるべきでありましょうけれども、必ずしもそういうトータルな議論が行われているとは思われません。私も辛口のコメントを新聞等に書いたこともございます。後からお叱りを受けたこともあるのですが。いろいろ思惑があって、どうしてもいろいろ論点が出てきにくいところがあるのかもしれません。

さて、その中で議会制度といいますか、国会制度、国会というものをめぐる問題は、一院制か両院制（二院制）かという問題のほかにも、さまざまな形で取り上げられることがありました。ここにいらっしゃる事務局等の方々は詳しくその点をご存じでありまして、昔から言われている、そういう意味で古い問題です。しかし、絶えず自己革新を求められるという意味では、非常に新しい問題でもございます。

何しろ議院内閣制の仕組みをとっている以上は、国会両議院の動きがやはり国政の上で大きな役割を果たすわけですから、議会改革の問題が常に話題に上るのは、ある意味で当然のことだろうと思います。

ですから、今日は九条とかそのほかの論点は一切捨象しまして、まさしく議会制度に焦点を当てて、議院内閣制と枠を少し大きくとりますけれども、その中でどういう考え方をしたらいいのか、とくに憲法改正問題ということになりますと、どういう点を考えるべきなのかという点について、話を申し上げることになります。

一　現行憲法が定める統治構造の特徴

私の子供が習っている中学校や高校の教科書を見ますと、憲法には三つの基本原理があるというふうに必ず説かれています。国民主権、人権尊重、平和主義と書いてあるのですが、それはそれとして一つの見方だと思いますけれども、その三つの原理は実は統治構造の特徴について何も語っていません。要するに、政治の仕組みや統治機構の仕組みはどうなっているかという点について、いわゆる三大原理と言われるものは何も語っていない、という憾みがございます。

では、とくに統治構造あるいは統治機関に焦点を当てた場合にはどういう特徴が浮かび上がってくるのだろうかと考えますと、大体三点を考えることができるのではないかというのが、(1)初歩的な半直接民主制、(2)議会制民主主義、(3)アメリカ型の「法の支配」というところです。

このうち裁判所のあり方を考えて(3)アメリカ型の「法の支配」と申しましたが、これは、ある意味があってのことでございます。つまり、法の支配というのは、これは多くの方々がご存じのところであろうと思いますけれども、もともとはイギリスの観念に基づくものです。それがアメリカのほうにも当然伝わる。

では、なぜアメリカ型かということです。一つには、アメリカでは司法審査制（judicial review）という言葉がよく使われます。これは議会制定法、つまり国民が選んだ議会で制定した法律をも司法部が憲法に照らして判断をするという、いわゆる違憲立法審査という制度を採用していることを指します。「採用している」という言い方はあまり正確ではありませんが、一九世紀の初め、一八〇三年のある事件で、合衆国最高裁判所が自らその権限があるのだと宣言し、以来、これを使っているというタイプのものです。

日本国憲法では八一条に最高裁判所の権限として書いてございますけれども、その種のタイプの規定は合衆国憲法にはどこにも見当たらないわけです。判例として登場し、定着し、現に行使しているというのが、アメリカの違憲立法審査のあり方です。これを明確に条文の上で示したのが日本国憲法の八一条にいう違憲立法審査制度ということで、いわばその意味におけるアメリカ型ということになります。

イギリスの法の支配の考え方は全く違っております。もちろん、判例法が非常に重要ですけれども、ご承知のようにイギリスには憲法典という最高法規のものはございません。したがって、最高法規である憲法典に照らして法律を審査するという制度はないわけです。もちろん、イギリスでも司法審査、すなわちjudicial reviewという言葉を使いますけれども、それは行政に対する審査を示すわけです。つまり、議会制定法が同時にいわば最高法規でありますから、その法規に違反していないかどうかという形で行政の行為を審査するのが、イギリスの司法審査という意味です。ですから、そういう意味で日本のやり方はアメリカ型ということになるわけです。

もう一つの要素は、イギリスは最近少し違ってきましたけれども、基本的人権と言われるものを憲法典の条文の上にはっきり明記することはイギリスではしてこなかった、もちろん憲法典がございませんから、そういうことはない。アメリカ合衆国憲法の場合には、修正条項という形でいわゆる人権条項を憲法典の上に明文化する。とくにその中でも、刑事に関する手続、例えば逮捕・勾留されたときあるいは警察による捜索を受けるときの条件をきちんと示すという意味で、憲法的刑事手続をはっきり書くことが行われて、その考え方が日本国憲法にも入っているわけです。日本国憲法の条文で言いますと、三一条から三九条に至る条文は、人権の中でもとくに刑事に関する手続を詳しく述べたという点でも、アメリカ型と言うことができます。

このアメリカ型の「法の支配」というのは、いわば裁判所と国民、裁判所とその他の国家機関との関係でありますから、ひとまずはこれからの話の中では捨象して考えます。

そこで、「初歩的な半直接民主制」と「議会制民主主義」に焦点を絞ってまずお話を申し上げ、それにかかわる問題点を次に取り扱うことにいたします。

まず、半直接民主制というのは、ちょっと耳馴れないように思いますが、ヨーロッパ、とくにフランスやスイス、オーストリアではよく使う言葉でして、文字どおり半分だけ直接民主制ということです。

代表民主制を採用している国が多いとよく言われますが、その場合の言い方でも、代表者を我々が選んで、その議員がすべてのことを判断して国政を進めるという、いわば古典的な意味で「代表民主制」ということばを使うこともあります。ですから、国民が投票によって国会議員を選出することは当然行うのですけれども、投票が終われば基本的にはそれでおしまいです。マスコミやいろいろな言論活動を通じて、議員に対して発言し、責任を問うことはもちろんありますけれども、いわば制度化された形で、つまり投票すれば落ちる人と落ちない人が出てくる、行為と結果がはっきりしているという意味では、国政選挙だけが意味を持つというのが、古典的な意味での代表民主制になります。

こういう体制は二〇世紀の前半までは割合多かったのですけれども、第一次世界大戦後、とくに一九二〇年代になりますと、国民は議員を選び、議員は議会を構成して、そこでいろいろな法律をつくり、国政についての判断するという基本的な仕組みは当然に維持されますが、それだけではなくて、国民が主権者であるなら、国民自ら国政の中身そのものを決定しうる途を開くのがいいのではないかという考え方が生まれまして、そこで直接民主制的な技術が考案されたわけです。

それまでは、我々がおこなう行動は、もっぱら選挙を通じて間接的に国政を決定するというやり方でした。言いかえますと、国政を決定する人間を選ぶことを通して民主制の理念を生かすということでした。もちろんその仕組みは原則的に維持されますけれども、それと同時に、人を選ぶのではなくて、国政そのものをある部分で決めるというやり方も当然考えていいのではないかという反省が生じまして、二つの途が開かれることになります。

一つのやり方は、国民から何らかの形で法案を提出するもので、この国民発案という制度にもいろいろなやり方があります。こういう趣旨のこういう目的の法案をつくってくださいということで、いわば請願に似た形で議会に預けるのが一つのやり方です。もう一つのやり方は、もっと進化した形といいますか、第何条というような法案の体裁を整えて国民のほうから議会に提出するわけです。それが出てきた以上は議会は何らかの形で審議をしなければいけない、審議を義務付けられるというものです。こうなりますと、恐らく一般の方々はなかなか無理で、いわば在野法曹と言われる弁護士たちが大いに活躍されることにもなります。

いずれにせよ、このように国民から発案をして、つまりイニシアチブをとって、議会に法律として成立させるかどうか審議してもらうというやり方が考案されます。これがイニシアチブ（国民発案）という制度です。

直接民主制的なやり方のもう一つのポイントは、国民のほうでは直接にイニシアチブはとらず、議会の方で法案を提出し、審議し、一度法律を決めるのですが、それについて改めて国民全体の意思を聞くというやり方があるのです。国民投票制度とよく言われますが、選挙も投票ですからあまりいい表現ではないと思います。国政の中身を決めるという意味で、むしろ国民表決制度と言うべきもので、諸外国ではレファレンダムという言葉で表される仕組みです。

これは、議会が決めたことに対して国民が最終的には判断するという仕組みをとるものですから、いわば直接民主制の一つのやり方だととらえられることになります。

一方で代表制の原理をとりながら、他方で今申し上げたような直接民主制的な仕組みを全面的ではないにしても取り入れるわけで、その全体の制度のことを、半分だけ直接民主制ということで表現しますから、「半直接民主制」というわけです。

実は、国民と議会がどういう関係に立つかというときに、このタイプを採用しているのが現在では圧倒的に多いのです。議会ですべてを決めるのではなくて、国民が何らかの形で関与するのが、ごく普通に使われる「現代型の」代表民主制という言い方です。

古典的な議会制度の国であるベルギーとかイギリスでも、いわゆるレファレンダムのようなものを採用したことがありますし、何度か実施していますから、そういう国でもこういう状況になってきているということが大事です。

さて日本ではどうかということになりますが、イニシアチブ（国民発案）という制度は憲法の条文のどこを見ても載っておりません。ですから、そういう意味でのイニシアチブ制度は採用していない。アメリカは、連邦レベルは完全な代表制度ですけれども、ステート（州）レベルでイニシアチブやレファレンダムを行うという仕組みを採用しています。しかし、日本国憲法はそこまでいかないで、ご承知のように、憲法九六条の憲法改正の場面で必ず国民投票をするという形でレファレンダムを採用しています。

いわば直接民主制的なやり方を全面的に採用するのではなくて、ある場面に限って、しかもイニシアチブ制度ではなくてレファレンダムという方式のみを行うということで、いわば「初歩的な半直接民主制」と表現したわけです。

次に、議会制民主主義を採用しているという点について検討します。まず、時折、衆議院の優越という形で語られますが、衆議院と参議院とが結果的に違った場合にどうするかということで、最終的には衆議院が勝つ、議決をした場合の効力が上回るということで「衆議院の優越」と呼ばれる場面が四つほどございます。

憲法五九条は法律を制定する場合、六〇条、六一条はそれぞれ予算及び条約締結の承認の場合、六七条はいわゆる首班指名――首班指名は明治憲法時代の内閣職権、内閣官制以来の言葉でございます――総理大臣の指名の場合に、最終的には衆議院の議決が上回る方式を採用しています。

そういうことで、私などが学生時代に一生懸命読みました宮沢俊義先生の本は、「びっこの両院制」――足が悪くてびっこを引くという表現が昔ありました――という言葉で語られておりました。「びっこの両院制」はいかにも表現としておかしい、やはり差別問題に結び付くということがありまして、人はこれを言いかえて跛行的両院制という甚だ難しい言葉を使いましたが、跛行とはびっこを引くということですから、実体は変わりません。ですから、この言葉も次第に消えつつありまして、それに代わって、不完全両院制とか一院制型両院制というニュートラルな表現がとられることになります。一院制型両院制と命名されたのは、私の先生の小嶋和司先生であろうと思いますが小嶋先生自身足が悪かったものですから、多分この表現のほうがいいという思いはあったのではないかと推測しています。

さて、国会は一院制型両院制を採用しているのですが、では、議会と内閣との関係はどうかというと、これをとらえるのが議院内閣制という表現です。

直接民主制あるいは間接民主制というときは、もともと国民と議会との関係を言うものですが、その議会と内閣、行政府とはどういう関係に立つかというときに、議院内閣制という言葉を使うことになります。

ご承知のように、イギリスと同じように国会と内閣がある部分で協働をする、ある部分で対抗しながら国政を進めていく仕組みだというふうに解説されることがあります。とくに議院で内閣を信任しているから内閣は在職できるのだということがよく言われます。

ただ、「イギリスモデルとの違い」と書きましたのは、幾つか異なった要素があるからです。

先ほどもお話し申し上げましたけれども、イギリスではもちろん憲法典そのものがありませんから、全然条文化されていないのです。ですから、国政の重要な仕組みである議院内閣制について、日本国憲法のように条文が並んでいることはほとんどないわけです。これを constitutional convention、国政上の習律というもので大部分を占められているという説明をよくするのですけれども、イギリスでは今でもそうです。

そういう議院内閣制と言われるものの仕組みを割合きっちりと憲法の条文に書くという動きが、「合理化」ということになります。ですから、大きく見ますと、権力を合理化するということは、条文の上に書いて明らかに示す、裏の部分をできるだけなくすということで合理化という言葉が使われることがありますが、そういう意味で議院内閣制の仕組みを憲法典の条文の上で明記するというのが、「合理化された議院内閣制」ということになります。

もう一つは、イギリスモデルとの違いと申し上げましたが、イギリスでは首班指名を国会でおこなうことはありません。日本では国会議員の中から国会の議決で指名するという方式をとっており、それは憲法六七条に書いてあるとおりです。その意味で大きな違いがあるということになります。とくに、いわゆる与党、明確な与党ができない場合に、国会内でのいろいろな多数派工作が展開されるということがかなり大きな違いになります。

さらに、憲法六八条の問題もございます。六八条を見ますと、閣僚に任命する場合に過半数以上は国会議員でなくてはなりませんが、裏を返しますと、ぎりぎり過半数までは国会議員でなくてもいいという規定でもあるわけです。イギリスの場合には、議院内閣制という場合に、基本的には下院議員、そうでなくても上院議員ということで、必ず国会議員が内閣を組織するという形をとります。日本の場合はそうではなくて、別の要素がありまして、現にいわゆる民間人という形で大臣のポストにおさまる方がいらっしゃいます。それはそれで世に歓迎されたりすることがあるのですが、議院内閣制の本来のやり方かというと、政治責任の問題もありまして、必ずしも議院内閣制の本来の姿とは言いにくい要素があるのではないか。むしろ、総理大臣の意向が随分強く働きうると考えますと、いわば大統領制的な要素をそこに認めることもできないわけではありません。ぎりぎり過半数まではそれをやれるわけです。だから、仕組みとしてはそうなっています。

以上のように、統治構造ということでいきますと、裁判所の位置づけを除けば、半直接民主制というのが国民と議会との関係であり、合理化された議院内閣制というのが議会と内閣との関係であるということになります。

二　現行憲法運用上の諸問題

そこで国民、議会、内閣という連関をどういうふうに考えていくかが大きなポイントになるわけですが、その点で言いますと、国民主権とはいってもなかなかストレートな形では出てきていないのが現実ではないか、というのが第一のポイントです。

むろん、直接民主制の仕組みである国民表決（レファレンダム）は、憲法改正そのものがありませんから、その機会は全くありません。後でも問題になりますけれども、とりあえず手続法だけでも定めておきましょうかという話になりますが、憲法改正に誰が参加できるかということを含めて、実はいまだに明らかでないのが現実です。

ですから、憲法改正ということは書いてあるけれども、具体的にどうするかとなりますと、誰が有権者であるか、どういう形で提案をし、国会議員が何人集まれば発議ができるかということすら、一切わかりません。どの票を有効にするか無効にするかということも、明らかではありません。ですから、半世紀以上もその点を定めた法令がないのはおかしいのではないか、と私自身は前々から思っています。

そういう意味で、国民主権とよく言われますけれども、いわば縛られた状態にあるわけで、「囚われの主権者」と表現できるのではないかと考えた次第です。そこで、囚われの主権者ではなくて、もう少し活性化したらいいのではないかという考え方が生まれる。現在のままでいい、いわば国民主権は凍結されたままでいい、選挙だけをやればいいというのも、もちろん一つの考え方です。けれども、国民主権をうたいながら、そのための具体的なステップをとることができないのは、いかにもおかしいであろうと思っております。

それから第二のポイントですが、ご承知のように、現実には衆参両院の組織法――組織法という言い方は少しかたいですが――国会議員の選挙方法はかなり類似していると言わざるを得ません。

これは多くの方々が指摘するところです。

衆議院と参議院とで大きく人数が違うということがありますけれども、それにしても、基本的には衆議院の場合も参議院の場合にも、選挙区選挙と比例代表制との組み合わせで成り立っているところが問題です。例えば衆議院が完全小選挙区であるのだったら、参議院の特色の出しようがあるのですが、両方そういう方法をとっているものですから、参議院もなかなか特色を出しにくいということがあるのかもしれません。

しかも、参議院の場合には、見かけは小選挙区ではありませんが、定数二人区の県がたくさんあります。現在、多分二七ほどの県で二人区になっていると思います。そうすると、一回の通常選挙のときには一人を選ぶわけですから小選挙区という話になる。そうすると、いよいよ衆議院の小選挙区比例代表制との決定的な違いがなくなるのではないかということは、当然批判としてありうることになります。

そこでしばしば、先ほどもちょっとお話をしましたけれども、参議院というのは一体何をやっているのだということになる。私自身は何年も前からいろいろな意味で参議院にお世話になっておりまして、それぞれ貴重なお仕事をなさっていることはよくわかりますけれども、同じことを二度行うこと、要するに衆議院でやった後に同じことを参議院で繰り返すことについて、かなり手厳しい評価があることは、ご承知のとおりでございます。その意味で、参議院不要論は繰り返されるのはやむを得ないところかなと思います。

そのことも関連するのですが、内閣との関係でどうかというのが、ひんぱんな国政選挙と内閣の不安定という第三のポイントであります。細かく分析したわけではありませんが、一番近いところですと、昨年（二〇〇三年）、衆議院議員の総選挙がありましたが、今年は参議院の通常選挙があるわけです。

そのように、この五十数年間、国政レベルの選挙がほぼ一年半ごとにずっと行われてきております。とくに、大きく政権が変わったのにずっと衆議院選挙がなかったものですから、参議院議員の選挙に非常に大きな期待が寄せられ、民意の転換点を見るということがあるのかもしれませんが、いずれにしても、諸外国ではあまり例を見ない状況です。

つまり、選挙するという意味では民意のすくい上げとしていいのでしょうが、他方で、安定した政権をつくり、しっかりした政策を実施することが内閣には求められるけれども、それがなかなかできない。常に選挙を前にし、選挙という仕組みをパスするために、例えば税金をどうするか、消費税をどうするかといったあまり痛いところは言わないでおいて、選挙が終わったら、それこそ冗談ではありませんが、膏薬（公約）をはがすように変わるということが、しばしば見られたわけです。

議員の任期について言いますと、日本は四年というのが一般的ですけれども、外国では、イギリスやフランスのように、下院議員の任期が五年という考え方も当然ありうる。そうすると、それに近いところまではまずは安定するという仕組みをつくり上げないと、内閣の不安定が生ずる。要するに、内閣がしっかりした政策をしっかり責任を持って実施できないということになる。このように絶えず目先の選挙のことに追われることが本当に国政全体にとっていいのか、という反省をしなくてはいけないというように思います。

「緊張感の欠如」と書いておりますが、先ほど出ましたレファレンダム（国民表決制度）は、スイスで非常によく使われている制度です。今日まで数えると、三〇〇回以上はやっていまして、スイスでは通算すると大体一月に一回国民投票をやっている勘定です。もうみんなくたびれ果てて、昨日の京都市長選挙でも投票率は三八％ぐらい行きましたからいいのですが、スイスでは三〇％を割るような状況も生じます。しかも、その過半数で決めるという話ですから、どこが民主的かという批判も出てくるところです。

それと同じことで、国政選挙が例えば数年に一度しかないということであれば、国民はみな、どの政権を選択するか、どの政策を選択するかという意味における緊張感を持って投票します。しかし、そうではありませんから、選挙に対する一種の緊張感が乏しくなっているのではないか。そこで、むしろ投票率を上げるためには衆参同時選挙をやったほうがいいのではないかという、今度は全然別の議論が出てくるような有様です。

もう一つは、これは橋本内閣のときに明確に見られたことですが、今回もあり得るかもしれません。夏の参議院選挙の結果によっては政権はもたなくなる、交代はありうると新聞報道でありました。これも外国では例を見ないことです。基本的に衆議院議員で組織し、そこで選んだ首相が率いている内閣を、参議院議員の選挙の結果で交代させることが、それほど歓迎されるべきことなのかということを、少し考えてみる必要があるのではないかと思います。

ただ、橋本内閣の退陣のときも全く同じでして、そのときにそういう意味での批判はあまりなかったところが、私自身は奇異だと思っています。

三 憲法と統治構造改革

そうした状況を具体的にどう改善するかというのが、先ほど申し上げましたように、最後の検討課題でございますが、その問題に入る前に、少し憲法というものの考え方を整理してみたいというのが次のポイントです。

われわれは憲法という言葉を非常によく使いますが、しかし言葉の起こりは妙なもので、憲法の憲はノリと読みます。法もノリと読むわけで、本来はホウとホウという組み合わせですから、いわば無色透明の言葉です。なぜこれが現在のように日本国憲法といった特定のイメージになったかについてはいろいろな説があります。

つまり、一八八二年（明治一五年）に伊藤博文が派遣されてヨーロッパに旅立ちますが、横浜を出るときに天皇から勅語があって、立憲君治国の憲法を調査してこいという命令がありました。ですから、ヨーロッパで constitution、つまりわれわれの感覚でいま「憲法」と言っているものを調査してきなさいと公式文書で伝えられたものですから、ヨーロッパで constitution と言っているものを日本で憲法という約束が一応でき上がったと言われております。

しかし、その場合も単純ではないわけです。最も素朴な見方として、日本国憲法と書いてある全一〇三箇条の条文、それが憲法だという考え方はもちろんあり得る。しかし、それで国政の全体が動いているわけではありませんから、国政全体の動きをとらえるという意味での憲法はそれでは足りません。

そこで、学者たちは、憲法というのはもう少し中身のあることを言っているというわけで、その中身を決めるときに、一つは日本国憲法あるいは大日本帝国憲法と名付けられた文書がある、書かれたものがある。その憲法典というのがまずあるだろう。だからそういう意味で、憲法の仕組み全体といいますか、およそ国政の全体の仕組みとか内容を決めるのが憲法だという考え方だといたしますと、憲法典というのはいわば最高法規の文書（ドキュメント）としてそれを定めたものということになります。

明治憲法は七六カ条でしたが、日本国憲法は一〇三カ条です。後ろの四カ条はもう使っていませんから、実質は九九カ条しかない。さまざまな局面のある国政全体をわずかの条文で仕切るのは無理です。したがって、それを支える法令が幾つか必要である。そういうわけで、憲法附属法というのが登場してくる。

これは美濃部達吉先生の前頃から使っている言葉ですけれども、要するに、憲法典という本体にくっついているというので附属というわけですが、それをもって憲法典で書かれたものを随分補っていくということが行われるわけです。

手元にある年表でみますと、日本国憲法が公布され施行されると同時に、皇室典範や内閣法や財政法や裁判所法や地方自治法、国会法といった諸々の法律が制定されたことが判ります。いわば本体を動かすために周りの支えるものが同時になくてはいけないということで、憲法典の草案を審議すると同時に、そういうたくさんの附属法をつくって運営するという方法をとったわけです。そういうものが憲法附属法と言われるもので、非常に大事な働きをすることになります。

どういう意味で大事かとなりますと、例えばヨーロッパのオーストリアとかドイツの憲法は、連邦制ということもあって一つ一つの条文が非常に詳しい。うんざりするほど詳しいのです。ところが、日本国憲法はそれに比べて、よく言えばわかりやすい、いわば簡素な条文の形式をとっています。これは明治憲法以来の伝統と言うこともできます。

そうすると、いわば運用する幅が大きいという話になります。つまり、憲法典に詳しく書いてありますと、国家機関の動きとか運営の仕方がそれだけで大体わかる仕組みになる。しかし簡略な形で書いてありますと、具体的にどうなるのかは、例えば国会法や内閣法を見ないとわからないことになるわけです。つまり、憲法典の条規が簡素であればあるほど憲法附属法の役割は大きくなってくる、という関係にあることになります。

もちろんこれだけではありません。先ほど申し上げたように、憲法の解釈をもとにして法律を違憲とするか合憲とするかという判断権が最高裁判所に与えられておりますから、その最高裁判所が示すところの憲法判断あるいは憲法解釈の中身は、きわめて重要になるわけです。これが憲法判例あるいは判例憲法と言われるところで、これもまた重要な役割を果たすことになります。

ただし、現在は訴訟制度の仕組みの関係から、自分の権利が侵害されたというのが前提になりませんと、司法権は対象としてくれません。そういう意味で、国会や内閣そのものの動きが直接に裁判の対象になるということはあまりございません。その意味では、憲法判例は非常に重要な役割を果たしますけれども、統治構造あるいは統治機構という分野については憲法判例の持つ重要性はそれほど大きくないのではないか、と思われます。

このように、憲法秩序というものは、主として、一つは最高法規である憲法典、第二に通常の法律である憲法附属法、第三に憲法典あるいは憲法附属法に付随して示された最高裁の憲法判例がありまして、それら全体からなっているということを、まずご確認いただきたいのです。

そうすると、何らかの不都合が生じて、憲法秩序を動かしたい、形を変えたいという場合にどうするかということが、おのずから問題になるわけです。

まず、一番手っ取り早いのは、最高法規である憲法典の条文そのものを動かそうというもので、これが憲法改正と言われる働きになる。次に、そこまではいかなくて、憲法典の条文そのものは一切手を付けないが、憲法附属法を改めることによって国政の中身や動きを変えようという考え方も、当然出てまいります。とくに平成の時代に入ってからの動きが激しいのですが、近年のいろいろな改革は、実はこの附属法の改正、あるいは内閣府設置法といった新しい法律の制定を通して、全体の憲法秩序をある程度改める方向での議論であると整理することができます。

もちろん、第三に、最高裁判所自らが従来の憲法判例を改めるという考え方もありうるわけです。それを通じて制度が変わるということは当然考えられる。俗に判例変更と言われるものです。ただし、もともと統治構造について裁判として登場する場面が事件としては少ないということですから、憲法秩序全体を変えるという場面でも、憲法判例の果たす役割は少ないであろうと考えざるを得ません。

もちろん、一切憲法秩序を変えてはならないという立場もおありになるでしょうが、その場合には憲法附属法も変えるべきではないということになります。

ここでは、憲法秩序を変えることが必要だと感じられた場合にどうするかという、処方箋を語っているにすぎません。

四　未完の統治構造改革

さて、統治構造をある程度変えたほうがいいという前提に立った場合の話でありますが、まだまだ未完の部分が多いのではないか、考えるべき要素が多いのではないかというのが「未完の統治構造改革」という意味でございます。

先ほど来、国民主権あるいは半直接民主制ということを申し上げましたが、国民のほうからのアプローチでいうと、どういうことになるかというのが第一のポイントです。それを前提にして、古くから議論されている国会というものを念頭に置いた場合にどういうふうに考えていくべきかというのが第二のところです。既にご承知のところが多いと思いますが、確認のために一つ一つ取り上げてまいります。

まず、国民主権の実質化ということです。国民主権がどういう意味かについては、抽象的な概念でありますから人によって見方がさまざまでありますが、ともかく国政のあり方を最終的にわれわれ国民自らが決めるのだという一点は動かないと思います。では、それをできるだけ実質化して、いわば生き生きとした主権者たる国民像を描くことができるためにはどうするかというのが、最初の問題であります。

先ほどの憲法秩序という分析からしますと、憲法典の条規の改正、すなわち憲法改正という形でしか実現できないであろうというものと、憲法改正は要らないけれども、その下にある憲法附属法を変えることによってある程度の改善が図られるのではないかというのが「憲法附属法の改正や制定で足りるもの」としたところです。まず、どうしても憲法改正にならざるを得ないものとしては、先ほど申し上げた、いわばイニシアチブ制度を採用するということがあります。採用しないならいいのですが、これを採用するという前提に立ちますと、すべての立法は国会の中で完結するということをうたってあるのが憲法四一条で、手続として示したのが憲法五九条でございますが、どうしてもこのあたりをいじらないと、国民発案、イニシアチブの制度は取り入れにくい。

もう一つのいわばレファレンダムの制度ですが、憲法改正の場合、つまり憲法レファレンダムと言われるものは既に九六条であるわけですから、それはいいとして、通常の立法についてこれを取り入れたらどうかということですが、ほかの国で実施しているところは多くあります。そういう意味で、国民表決制度を拡大して立法レファレンダムを導入する場合は、やはり同じように国権の最高機関である国会が持っているところの立法権との兼ね合いを考えざるを得ませんから、四一条や五九条の規定を変えざるを得ません。因みに、特別の地方自治団体についてだけ適用される不利益をもたらすような地方自治特別法については、憲法九五条で特別な仕組みが設けてありますが、最低そういう形にでも改めなくてはいけないだろうという話になるわけです。

もちろん、こういうふうに申し上げるのは、その二つを採用すれば万々歳という立場でお話し申し上げているわけではありません。およそ制度にはそれぞれ長所あるいは欠点があるので、それをうまく組み合わせて、全体として能動的な国民というのを考えたほうがいいのではないか、という趣旨で申し上げているわけです。こういう制度がすべてよい結果をもたらすと考えるのは幼稚な考え方でありまして、もちろんそれは私のとるところではございません。いろいろな仕組みを利用して国民の意思の発露ということを考えたほうがいいというのが、その趣旨でございます。

さて、両者の違いについていいますと、レファレンダムというのは、とにかく議会が主役で、決めたものを国民に対して問うという制度です。いわば国民は受け身なわけです。では、国民自らが望む立法——立法の不作為ということがよく使われますね。被害者救済が遅い、法律が悪いのだと——を実現しようとする場合には、むしろイニシアチブのほうが有効なわけです。国民の側でそういう要望があれば、国民の側で用意した法案を議会に突き付けて審議してもらうということになりますと、立法の不作為についてもある程度対応できるのではないか、さらに在野法曹が活躍できるということでも、私自身はイニシアチブ制度はいいのではないか、と思っております。

しかし、それは憲法改正を要することですから、これまでの話でしたら随分大変なエネルギーが必要だと思いますが、最近では正直言ってちょっとわからなくなってまいりました。

さて、憲法改正までいかないということになりますと、憲法附属法を改正する、あるいは制定する形で対応するということも考えられる。

この点でぜひ実現してほしいのは、一八歳選挙権です。いくら大学進学率が高くなったといっても、やはり同世代の半分は既に働いて税金を納める立場です。昔は「代表なければ課税なし」と言っていたのですが、逆を地で行っているのが現在の姿です。

もちろんこれについては、青少年の発達が遅い、一八歳といってもその精神年令は七割で掛けなければいけないという議論もありますけれども、とにかく相応の責任を持たせる方向で歩を進めるべきだと思いますし、先進諸国で一八歳になっていないのはむしろ異例だと思います。欧米ではもう一九七〇年代から一八歳から選挙権になっています。これは公職選挙法を改正すれば足りることです。

もちろん、この問題は、民法の改正も含めて、少年法はどうするかといった、ほかの成年制度をどう動かすかということと連動しますけれども、とりあえず既に働いている若者層をきちんと国政の場に取り入れることが大事なのではないかというのが、一八歳選挙権という話です。

これについては再三案が出たりして一応議論にはなるのですけれども、なぜか上程されない状況がずっと続いています。最近私が見たのは民主党のものですが、ほかの党でも当然お考えになっているだろうと思いますので、ぜひこれは実現していただきたいというのは、衆議院の憲法調査会でも申し上げたことであります。

もう一つは、いわば新規立法という形になりますが、憲法改正国民投票法という手続法はやはり整備しておく必要があります。具体的な改正案が日程に上った段階で手続法をつくるのは、私は避けたほうがいいという立場です。具体的な内容がないのに手続法をつくるのはけしからんという議論があることはもちろん承知していますけれども、やはり冷静なうちに手続法をつくっておくべきで、内容がホットな論争になったときに手続法をつくるのは、やはりどうもフェアでないところが出てくるのではないかと危惧します。

私などは前から、国民投票法が制定されていないのは立法の最大の不作為だといって批判していたのですが、中山（太郎）さんが会長になられた憲法議連という動きがありまして、それが中心になって次第に作業が進められました。

お年を召した方は昔のことを思い出されると思いますが、昭和二八年に当時の自治庁が案をつくったことがございます。ただし、あれは完成された案ではなくて、後ろのほうは全部未決定ですから、まことに中途半端な案でおしまいになりました。

今回、超党派の憲法議連がおつくりになったものがございます。これが多分一番新しいのだろうと思いますけれども、附則を別とすると、全八〇カ条からなる「日本国憲法改正国民投票法」という案が既にでき上がっております。いろいろ批判はあるところですけれども、とりあえず完成された草案としての意味を持つことは疑いがないと思います。

もちろん、これは憲法改正をする場合の投票法案ですけれども、その改正案を国会に出すときにどうするかという問題が残りますので、「国会法の改正案」というものも用意されています。「国会法の一部を改正する法律案」というのがあって、第六章の二として、日本国憲法の改正の発議をする場合にどうするかという具体的な条件、要件を書いてあります。この「国民投票法案」及び「国会法改正案」が一体となって、憲法附属法の改正あるいは新規立法ということで国民主権を実質化する方向に動けば、それはそれで結構なことだと私自身は思っております。

さらに、国会改革と言われるものがございます。国会改革という言葉はよく使うのですが、厳密にそれが何を意味しているかは実は大きな問題でありまして、いつも申し上げていることですが、国会というのは実はありません。あるのは衆議院と参議院でありまして、国会というのは観念上の存在です。ですから、具体的に意思決定をするのは衆議院であり参議院でありまして、その意思決定がそろったときに国会の議決と観念するわけであります。

その点で思い起こしますのは、イタリアとかフランスでは、上院と下院が全然別のところにある、物理的に上院と下院が離れているのです。パリでもそうですし、ローマでもそうです。そうでありますと、国会というよりも、むしろ下院と上院、衆議院と参議院という感覚でいいのですが、日本の場合には、いわば物理的につながった形で国会議事堂があるものですから、それが実在するかのように考えるのですけれども、本当は意思決定の主体としての国会というものは存在しない。

ですから、存在しないものの改革は本来おかしいのではないかと変にこだわったりしますが、ここでは一般的に両議院の組織運営の在り方をどうするかという意味で、「国会改革の諸問題」について検討してみたいと思います。

これにもいろいろな考え方がございます。私自身の個人的な弁明から申し上げますと、参議院の方には随分叩かれたのですが、斎藤十朗議長の時代に「参議院の将来像を考える有識者懇談会」というので、一年ちょっと議論させていただいたことがあります。そこで大宅映子さんなどと一緒に議論したことも懐かしい思い出ですが、それ以外に、さらに小泉純一郎首相のもとで「首相公選制を考える懇談会」というのがございまして、それも一年ちょっとで報告書を出しました。

その過程で常に問題となるのが、この両院制のあり方という部分でした。要するに、衆参両院の関係をどうするかということです。一見すると、首相公選制と関係ないように思いますが、実は大ありで、先ほど申し上げたような意味で、政権基盤を固める、政治や内閣の安定を図るという場合には、避けて通ることのできない論点の一つになります。

そこで、私は、いろいろご批判のあることは承知しておりますけれども、両議院の権限をどういうふうにするかというと、やはり一院制型両院制ということである程度徹底するほうが望ましいのではないかという立場でございます。

衆参両議院のあり方を論議する場合に、衆議院を考えてみますと、どこの国でもその構成はそれほど変わりません。国民が直接に選ぶ、選挙をやるというときは総選挙というぐらいで、一遍に全部入れ替える、比較的若い被選挙権で選挙するということは変わりません。そこで、両議院のあり方というのは、選び方という面から見ると、もっぱらいわば上院、参議院の問題になり、それで各国で違いが出てくるという話になります。ここで選び方と言ったのは、組織の仕方が、伝統的なイギリスのように上院方式、つまり貴族院型でやるか、国民の公選によるかという区別が一つあります。

もう一つは、力関係、権限関係でいいますと、できるだけ明治憲法のように衆議院と貴族院とが対等であるほうがいいのか、それだとデッドロックに陥るので衆議院のほうに重きを置く、いわば衆議院優越、一院制型両院制という方向がありうる。

その場合、イギリスが一九一一年に最初にそういうスタイルをつくったものですから、一院制型両院制ということでほかの国も倣うようになりました。ただ、大きな違いは、日本のように、衆議院では三分の二という特別多数でしか決定できないというやり方は、かなり参議院の力を強めているということです。イギリスの場合には、下院で二会期連続して決めれば、もうそれでファイナルな決定になる仕組みですから、基本的に一院で可決することが可能なわけです。そういう意味でいいますと、憲法五九条を改正して、参議院で違う議決をしたら衆議院に戻って議決するには三分の二というかなり高いハードルは外したほうがいいのではないか、というのは考えております。

あとは、首班指名のところも、政権を形成するのは衆議院の役割であり、そういう意味での憲法改正も考えることも視野に置いていいのではないかと私は考えております。

さて、そういう憲法改正はなかなか難しいであろうという、いわばあきらめにも似た境地で考えますと、二番目の憲法附属法の改正や制定ということを考えざるを得ないのではないかということになります。この点はもう申し上げましたけれども、非常に類似した両議院組織法、選挙法というのは、やはり両院制の特色を十分発揮できないおそれがあるので、そこは改正したほうがいいのではないか、というのが私の考え方です。

ただ、この点については、今年の一月一四日、最高裁の大法廷の判決で、平成一三年に行われた参議院選挙の合憲性が問われたものがあります。結果としては九対六で合憲ということになりましたが、そこではいろいろな意見が噴出しておりまして、従来、参議院の特色と言われた部分に対してもかなり手厳しい注文が付いております。参議院ではこれに対応すべく、委員会か協議会か何か設けられたようですけれども、全面的な対応は難しいでしょう。

これについては、国民が直接に選挙する、一票の格差は開いてはいけない、都道府県もある程度念頭に置く——これを取っ払えば別ですけれども——といった、いろいろな縛りを考えてみますと、抜本的な選挙制度の改革、参議院選挙制度の改正が果たして可能なのかという点で、私自身は疑問に思っているところがございます。

そこで、やはり両議院の組織原理あるいは構成原理のところにもう一回立ち返って考えざるを得ないという問題を突き付けられているというほうが、多分正解でしょう。最高裁判所も、参議院選挙法ができた当時から考えられた現在の選挙制度を前提とするとこういう判断になると言っているわけで、違った発想で考えることも大事なことだと思います。

二番目は、両議院手続の問題ですが、各議院の自律性を確保するというのはいわば私の専門のところでございまして、参議院の方々も非常に努力をされているところです。どういうことかといいますと、先ほど憲法附属法の一つとして国会法があると申し上げました。国会法で衆参両院にまたがるような手続を全部決めている、もちろんいろいろ違うところはございますけれども、基本的なところはほぼ全部決めてあるのです。ですから、参議院のほうで委員会のあり方を変えたいと思っても、参議院だけでは変えられない。つまり法律でありますから、衆議院の同意を得なければいけないわけで、いろいろと事前の調整をおやりになるのです。

昔はまだよかったのです。つまり、委員会の数は参議院、衆議院も同じでありましたし、ほとんど同じ名称でありましたからよかったのですが、今ではそれが違うという時代になりました。そうすると、一方では自発的にこういう委員会制度にしたいと言っているのに、他方でゴーサインを出さないために議院として動けないというのは、憲法五八条で与えられた各議院の自律権の趣旨に明らかに反するのではないかと思います。つまり、ほかの機関が関与していることになります。参議院が独自のやり方をしたいというときに、衆議院のほうでクレームをつけてそれを潰すことは十分ありうるわけで、単なる理論の問題ではないのです。

しかも、先ほどの問題に返りますけれども、国会法は法律ですから、場合によっては、理論的には衆議院の単独意思で決定できるのが法律です。だから、参議院にしてみれば、仕組みとしてどうもおかしいということになります。ですから、そういう意味での国会法はやはり本来は憲法違反ではないか、というわけで、国会法違憲論というのを私は前から唱えているわけです。

もちろん、例えば両院に共通したことがらや、ほかの機関も入って開会式をやるといった問題については、法律があることはいいのかも知れませんが、現在のような詳しい国会法の規定があって、各議院の運営の中身について事細かに定めることが憲法上合理性を持つのかということは、もう一回立ち返って考えたほうがいいのではないかと思います。

正直言って、物理的には国会議事堂を壊したほうが一番いいのかなという感じはします。ですから、参議院はここでいい、衆議院は上野ぐらいに行っていただくということになりますと、それぞれ自律的に動くことになります。フランスでもイタリアでもそうですけれども、上下両院が別のところにあるのは、その自律性にとっては外形上非常に大事なことだというのは、私自身の印象でありますし、フランスの憲法学者も書いているところです。むろん壊すのに経費がかかりますから、またむだ遣いというご批判を受けるでしょうけれども、観念的には壊したほうがいいということです。

それから、これはいろいろご異論があるかもしれませんが、外国では一回下院議員の選挙をすると、次の選挙までは議員、つまり議院の構成は変わりません。もちろん、お年の方がたくさんいらっしゃいますので、一年経つと一人欠け、二年経つと二人欠けるという状況になるのかも知れませんけれども、基本的に次の選挙までは、政党別、つまり会派別の構成は全然変わらないのです。フランス式に言うと立法期、ドイツ式に言うと被選挙期になりますが、その期間は院内政治勢力は変わらないわけですから、それを単位として、議事の継続・不継続を考える制度になっている。

ところが、日本はその立法期の間を細かく区分して、そこで全部切れるという仕組みを採用しておりまして、やはりある種の不合理がある。一度国政選挙があれば議事がいったん途絶えるというのは常識ですけれども、そういう意味での会期制度というのは、やはり見直してみる必要があるのではないかと思っております。それはほかの問題もありますけれども、憲法附属法の改正という形で、何らかの議会制度のあり方を変えるというところにつながっていく問題のうちの主要な部分ではないかと思っております。

おわりに

だんだん時間が押してまいりました。冒頭にも申し上げましたように、例えば読売新聞などは憲法改正論議が活発化しているとお書きになるのですが、本当にそうかという目で見ていただきたいということがございます。

その場合の見方としては、例えば九条なら九条、あるいは私学助成で問題になります憲法八九条といった、特定のところだけに目を向けないで、全体を見渡すということがやはり大事なのではないかと思います。憲法という立場がそうなので、昔、佐々木惣一先生は国家全局法という考え方をされましたが、いわば国の全体を見渡しての全局法的な視点から定めるのが憲法の役割だということをおっしゃいました。その目で見て、憲法典の条規の全体を見る、さらには憲法附属法規というものを視野に入れて、いわば憲法秩序という感覚で全体をとらえ直す、再構成するという作業が、一度必要なのではないかと思います。もちろん、その場合には、憲法判例も生かす形で考えるということも大切です。

そうでないと、単に憲法典の条文をいじるだけの話になってしまうのですが、憲法典の条文をいじれば当然附属法もどうするかということも考えなければいけません。それと従来の判例との整合性も考えなければいけません。そういう意味で、いわば有機的な連関を持った全体像として憲法改正問題は考えるべきではないかということを強く主張したいわけです。

そうでないと、発想が全然変わらない、つまり、憲法のいずれかの条文に載っていたものを外すとか変えるだけの話になってしまう。憲法典だけの問題ではなくて、運用面でおかしなところがたくさんあるということになれば、その運用を支えている憲法附属法も一度洗い直さなければいけない、そういう意味で新しい憲法イメージをつくることが大事なのではないかと思います。その一環として議会制度もあるように思います。

それでいいますと、衆議院の憲法調査会でも申し上げたことで、なかなか実際には実現しにくいとおっしゃっていますが、現在の衆議院・参議院の憲法調査会の規定を見ますと、衆参両院一緒になって合同で審査する、議論をするという場が、実はありません。しかし、例えば衆議院なら衆議院の選挙制度だけを念頭に置いて議論してそれでいいのかというと、そうではないと思うのです。やはり衆参両院の全体の構造といいますか、二院制のあり方という全体をにらんだ上で、選挙制度のあり方を考えるべきだと思います。繰り返しますが、衆議院は衆議院の選挙制度だけを考える、参議院は参議院の選挙制度だけを考えるのはおかしい。両院の組織構成法をどうするかは、やはりみんなで知恵を出してやるべき問題だと思いますので、そういう部分については、委員会制度で言いますと、合同審査会のようなところで例外的に対応して議論したほうがいいのではないかと思います。もちろん、そのほかの場面でもそういう類のもの、つまり両院でできるだけまとめて審議する場面が必要だということがあるのかもしれませんが、両院制のあり方は実は最もそれに適している分野だろうと思います。

一応予定していた私の話の内容は以上でございます。ご清聴ありがとうございました。

9　憲法と安全保障基本法の構想
――総合的な政策実現に向かって

わかりにくい安全保障法制の現状

三年前に複数の専門家が著した貴重な『日本の安全保障法制』（内外出版、二〇〇一年）という書物は、各種の関係法律の制定、そのたびに繰り返される自衛隊法の改正といったそれまでの経緯を振り返って、「このような場当たり的なパッチワーク的手法による対応の結果、日本の安全保障法制は、その体系性を非常に曖昧にしてきた」ことを指摘し、「日本の安全保障法制を総合的に検討する必要性」を説いている。

この的確な指摘は、昨年六月に、いわゆる武力攻撃事態対処法（平成一五年法律七九号）が成立する前になされたものである。しかし、このたびの通常国会に政府から提出された、武力攻撃事態における いろいろな対処法制を定めた各種の有事法制関連法案をみると、その指摘はいっそうの重みをもってわれわれに迫って来る。

確かに、わが国の安全保障に関する現行法を思い浮かべてみると、この十数年間の法令の動きは、いかにも激しいものがある。一般国民にとってはもちろん、その道の専門家にとっても、かなり分かりにくいものになってしまった感があることは、否めない事実であろう。

というのは、米ソの冷戦構造の下で定められた自衛隊法と国防会議設置法に代わった安全保障会議設置法の二つは、いわば伝統的な防衛関係法規に属している。しかし、冷戦構造の崩壊ののち数年して、国際連合平和維持活動等協力法（いわゆるＰＫＯ協力法、平成四年）が成立するとともに、三年前には、いわゆる周辺事態安全確保法と周辺事態船舶検査活動法が、そして昨年には前に記した武力攻撃事態対処法が、それぞれ制定されるに至っている。もちろん、これらの動きに合わせる形で、自衛隊法や安全保障会議設置法が改正されてきたことは、改めて言うまでもない。

ところで、長く防衛問題の中核に位置づけられてきた自衛隊法が、安全保障法制の総合的な理念や基本的な方策を示しているかといえば、そうではない。自衛隊法は、東西冷戦時代の産物として、その第三条において、「自衛隊は、わが国の平和と独立を守り、国の安全を保つため、直接侵略及び間接侵略に対しわが国を防衛することを主たる任務とし、必要に応じ、公共の秩序の維持に当るものとする」と、いわば実務的に述べているにすぎない。実際、防衛・国防の問題は、安全保障法制を形づくる重要な要素ではあるが、そのすべてではないからである。

総合的な安全保障基本法の構想

振り返ってみると、わが国の安全保障法制の問題は、長く、平和的生存への希求と戦争の放棄を宣言した日本国憲法の前文や第九条の解釈問題、とくに自衛隊の合憲性をめぐる争いとともに、日米安保体制を堅持する政府・自民党側と非武装中立論を唱える社会党を中心とした野党側との対立という図式を固定化した「五十五年体制」の下において、米ソの冷戦構造を反映する形で論じられてきた。

その意味で、いわば左右のイデオロギー的な主張を色濃く伴って論じられ、基本構想について幅広い国民的なコンセンサスが形成されないままに推移してきたところに、わが国の安全保障法制をめぐる議論の大きな特徴があり、根本的な問題があった。こうした状況の下では、いわば自衛隊法の枠を超えて、平和と独立の確保に関する総合的な戦略的視点とわが国が歩むべき方向について、明確な理念と施策を必要とする安全保障法制に関する基本法を整備する、といった考え方が一般的にならなかったとしても、無理はない。

冷戦構造が崩壊した後の国際情勢をも踏まえ、そうした状況から抜け出そうとして一石を投じたのが、読売新聞社の憲法問題研究会によって一九九五年（平成七年）五月に公表された「総合安全保障政策大綱」である。これは、「日本の安全保障問題を包括的に律する軌範を整える必要性」を訴え、「総合安全保障基本法」の制定を提唱したものであるが、具体的には、次のような内容をもっている。すなわち、①防衛・大災害・テロなど、すべての緊急事態を対象とする、②総合安全保障会議を設けて、首相の指導力を強化する、③防衛に加えて、ＰＫＯや災害派遣も自衛隊の任務とする、④日米安保体制を機軸として、地域的な信頼醸成のための措置を講ずる、⑤ＰＫＯの凍結部分を解除し、ＰＫＯ訓練センターを設けるといった提言のほか、⑥食料・エネルギーの安定的供給のための体制づくりをすることなども、挙げられていた。

ここには、その前年の夏に公表された「防衛問題懇談会」報告書の影響も一部見られるが、集団的自衛権の行使を可能とするとともに、国・地方自治体の責務と並んで、地域社会の安全に対する国民の責務にも言及していることは、興味ぶかい。

もっとも、その後こうした構想がまとまった一つの法案という形で結実することはなかったようである。その意味で、昨年の第一五六回国会に、民主党の提案に基づいて提出された、全部で九カ条からなる「安全保障基本法案」は、そうした考え方を具体化した、最もコンパクトな試みといえよう。

この法案は、衆議院の武力攻撃事態への対処に関する特別委員会に付託されながら、結局のところ審査未了に終わってしまったが、「我が国の平和と独立を守り、国の安全を保つとともに、国際社会の一員として国際連合を中心とする国際の平和及び安全の維持のための努力に積極的に寄与するため、日本国憲法の平和主義及び国際協調主義の理念を踏まえ、国の防衛並びに国際の平和及び安全の維持に関する国際協力に関し、基本理念その他の基本となる事項を定める必要がある」（提出理由）として、用意されたものである。

この法案は、右の提案理由が示すように、自衛権の発動としての武力の行使を認めて、重大緊急事態への自衛隊の対処を定め（三条〜五条）、アメリカ合衆国との防衛協力をうたうとともに（六条）、とくに国連の総会・安保理事会などの決議や国際機関の要請に基づく平和維持活動などへの協力を明記し、国連平和協力隊を創設すること（七条・八条）を主な内容とするものである。ここにあるのは一種の国連中心主義思想であるが、これが現実の国際社会の中でどれだけ実効性をもちうるのか、やや疑問を感じないわけではない。しかしながら、基本法という形で安全保障法制のあるべき姿を浮き彫りにした点において、参照に値しよう。

◆武力攻撃事態対処法と「安全保障基本法」との間

さて、二〇〇三年の通常国会で成立した全部で二五カ条からなる前記の武力攻撃事態対処法は、正しく、わが国の平和と独立の確保と国民の安全の確保にとってきわめて重要な意義をもつ緊急事態憲法というべきものである。にもかかわらず、その「武力攻撃事態等における我が国の平和と独立並びに国民の安全の確保に関する法律」という一見特殊な名称も災いして、一般国民の間では、そのことがほとんど意識されていないのではないだろうか。

実際、その基本法としての性格は、何より、武力攻撃事態等への対処に関する基本理念を打ち出し（三条）、国・地方自治体の責務、両者の役割分担と国民の協力を記すとともに（四条〜八条）、対処基本方針の決定・国会の承認・対策本部の設置といった、一連の対処手続を定めている点に（九条〜二〇条）、よく表れている。その中で、国連憲章と日米安保条約の規定にしたがい、「武力攻撃の排除に当たって我が国が講じた措置について、直ちに国際連合安全保障理事会に報告しなければならない」と定め、国連安保理事会への政府の報告義務を明記したのは（一八条）、国連憲章第五一条に則ったものとはいえ、注目される。

また、このたびの第一五九回国会に提出された幾つかの法案をみても、その基本法としての性格は、はっきり出ている。いずれの法案も、その武力攻撃事態対処法第二二条の中で明記されていた「事態対処法制の整備」という項目を、目に見える形で具体化したものに他ならないからである。

まず、いわゆる国民保護法案――正しくは「武力攻撃事態等における国民の保護のための措置に関する法律案」という――は、全部で一九四カ条という相当のボリュームからなり、国民の保護のための各種法制を整備する狙いをもっている。政府の提案理由によれば、その法案は、「武力攻撃事態等において武力攻撃から国民の生命、身体及び財産を保護し、並びに武力攻撃の国民生活及び国民経済に及ぼす影響が最小となるようにするための措置を的確かつ迅速に実施することができるよう、これらの事項に関し、国、地方公共団体等の責務、国民の協力、住民の避難に関する措置、避難住民等の救援に関する措置、武力攻撃災害への対処に関する措置その他の必要な事項を定める」ものである。

この国民保護法案は、衆知のように、民主党の修正案に自民・公明両党が同意する形で衆議院を通過したが、修正部分には、政府原案の一部修正や安全保障会議設置法の一部改正のほか、武力攻撃事態対処法への付加改正（二五条〜三三条）も含まれており、見のがすことができない。この付加改正は、武力攻撃事態対処法に「緊急対処事態その他の緊急事態への対処のための措置」を加えるもので、これによって同法は、安全保障基本法としての性格をやや後退させる代わりに、緊急事態憲法としての性格を強めた、ということもできよう。

また、全体で二二カ条からなる公共施設利用法案――これも正確には「武力攻撃事態等における特定公共施設等の利用に関する法律案」という――は、交通・通信の総合的な調整等に関する法制を整備する狙いをもち、「武力攻撃事態等における特定公共施設等の利用に関し、その総合的な調整を図り、もって対処措置等の適確かつ迅速な実施を図るため、指針の策定その他の必要な事項を定める」ものである（提出理由）。これもまた同様に一部修正を加えられて、衆議院を通過している。

総合的な安全保障政策に向けて

先に紹介した安全保障基本法案は、「国の防衛に関する施策は、我が国の平和及び安全の維持を図るため、外交努力による国際的な安全保障環境の安定の確保及び国内社会の安定による安全保障基盤の確立のための施策とともに総合的に講じられるものとする」（二条一項）と述べて、総合安全保障という考え方を基礎としていた。

もちろん、こうした構想はその法案が初めて打ち出したというわけではない。前に記した内閣総理大臣の私的諮問機関として設けられた「防衛問題懇談会」の報告書（平成六年八月）でも、すでに、日本が今後とるべき安全保障政策と防衛力のあり方について、世界的・地域的な規模における多角的協力の促進、日米安全保障関係の機能の充実、一段と強化された情報能力と機敏な危機対処能力を基礎とする信頼性の高い効率的な防衛力の保持、という三点を柱とする提言を含んでいた。これが読売新聞社の前記「総合安全保障政策大綱」にも影響を与えたらしいことは、先に触れた通りである。

そして今日では、大多数の国民も、そうした考え方を基本的に共有するようになったのではないか。すなわち、安全保障の問題が、①日米関係を含めた広い国際関係の中で位置づけられること、②地域的安全保障では、例えば、東南アジア諸国連合（ＡＳＥＡＮ）との安全保障対話のように、信頼醸成の促進、予防外交の進展、紛争へのアプローチの充実といった三段階の過程を設けること、③国際連合との協力を図るとともに国連平和維持活動等（ＰＫＯ）への協力を充実させること、④国際テロリズム対策の問題に取り組むことなど、多角的な視点から検討され、これらを総合した形で各種の政策が有効に実施されることを求めているのではあるまいか。

このテロリズムとの戦いという点においても、昨年成立した前記の武力攻撃事態対処法は、「武力攻撃事態等以外の国及び国民に安全に重大な影響を及ぼす緊急事態に迅速かつ的確に対処する」ため、「武装した不審船の出現、大規模なテロリズムの発生等の我が国を取り巻く諸情勢の変化」を踏まえた、必要な措置を速やかに講ずべきだ、としている（修正前の二五条）。この意味における安全・治安も、フランス現行法のことばを借りて言えば、いわば国民にとっては「基本的権利」であり、それを確実に保障することは国の「義務」に属するのである。ここでもやはり、同法は、安全保障基本法としての性格を表しているとみることができよう。

さて、この春に小泉首相の私的諮問機関として発足した「安全保障と防衛力に関する懇談会」は、「大量破壊兵器等の拡散の進展や国際テロなどの新たな脅威への対応をもにらんだわが国の安全保障と防衛力のあり方について総合的な検討を行う」ものとされている。その審議の模様や方向について私はよく知らないが、その検討成果を大いに期待している一人である。

10 宗教法人を取り巻くもの

問題の多い社会環境

今日、宗教団体や宗教法人を取り巻く環境には、なかなか難しいものがあります。ここでは、まず、宗教法人を取り巻くいわば社会的な環境というものについて考えてみたいと思いますが、好ましくない例をあげると、著名な寺社などを訪ねて常に幻滅させられるものに、せっかくの景観を台なしにするような大きな目障りな案内板や仰々しい垂れ幕などがあります。

おそらく誰にでも判りやすくという関係者の心遣いのゆえであろうとは思いますが、私などは、由緒ある社寺を包んでいる静謐な宗教的環境や厳かな雰囲気というものが、そうした無遠慮な文字や看板のために、ひどく損われているような気がしてなりません。

宗教法人を取り巻く社会的な環境として見逃せないもう一つの問題は、ときに怪しげな資金獲得活動がおこなわれ、世間をにぎわすことです。もちろん、そうした不祥事はごく一部の団体や法人に見られるにすぎず、大部分の宗教団体などにとっては大いに迷惑なことに違いないのですが、時に、それが「宗教」の名の下におこなわれると、一般の人々も「訝しい」「怪しい」といった形容詞とともに「宗教」というものを思い浮かべるようになるので、たいへん困ったことです。

実は、ここにも現代の日本人の宗教観の一端を垣間見ることができるのですが、宗教的な指導者や檀信徒はもちろんのこと、こうした風潮を本来の信仰の在り方や信教の自由にとって由々しい事態として受け止めている人は、少なからずいるはずです。そのためにも、関係当局としては、本来の目的を逸脱したり、法の認める活動範囲を超えたりしたような宗教法人やその幹部などに対しては、法の定める手続に則った迅速で適正な対応が求められるところでしょう。

見直される公益法人制度

また、宗教法人をめぐる税制が、しばしば「優遇税制」として槍玉に挙げられることもあります。この宗教法人税制の当否については、学説の上での違憲・合憲といった考え方の違いのほか、政策的にみて妥当かどうかという論点も含まれています。いずれにしても、ここで注意したいことは、そうした批判に代表される動きは、たんに税制という経済的環境の問題にとどまらず、場合によっては、宗教法人を含む非営利法人全体のあり方にかかわる基本的な法人制度の問題に連動するかも知れない、ということです。

というのも、現在の税制上、宗教法人は、民法上の公益法人・財団法人や私立学校法上の学校法人などとともに、「公益法人等」として位置づけられていますが、この「公益法人等」については、営利法人と比べた場合はもちろん、中間法人・協同組合等と比べても、法人税が原則非課税とされ、法令所定の三三業種の収益事業により生じた所得について低減税率により課税されるほか、例えば、社寺の境内地についても固定資産税は非課税とする、といった仕組みが採用されているからです。

しかも、宗教法人については、そのように税制上等しく「公益法人等」とされながら、民法上の公益法人・財団法人の設立が許可制の下に置かれているのとは異なって、法人規則の認証というかたちの準則主義がとられ、その設立は認可制に比べ簡便なものになっています。その結果、宗教法人税制は「優遇税制」になっているという批判が寄せられることがあります。

しかし、もともと、日本の法人制度は、欧米諸国で一般的な営利法人・非営利法人という基本的な区分を採用していない点、会員同士の親睦などを主な目的とする同窓会に代表されるような、営利目的でも公益目的でもない中間的な目的をもつ団体が容易に法人格を取得できる途が開かれていない点、そして、とくに公益法人制度については、許可主義による法人格の取得と公益性の認定判断とが一体化している点などにおいて、憲法が保障する結社の自由との関係からいっても、大きな問題を抱えたまま推移してきたものでした。

もちろん、特定非営利活動促進法（いわゆるＮＰＯ法）や中間法人法が制定されたことによって、少し様相が変わってきました。いま政府で進められている公益法人制度の改革は、財団法人・社団法人と中間法人を対象として、長年続いてきた変則的な制度を根本的に改めて、法人格の取得と公益性の判断とを分離しようとするもので、さらに一歩進めようというものです。

宗教法人税制への余波？

こうした公益法人制度の改革は、本来、そのように従来変則的であった制度を改めようとするもので、宗教法人の制度を念頭に置いたものではありません。したがって、その動きが宗教法人制度にどのような影響を及ぼすかということも、にわかに判断できないところがあります。

ただ、少なくとも税制との関連でみると、宗教法人もそうした公益法人と肩を並べて「公益法人等」として括られてきた経緯がありますから、これまで宗教法人法の定める「宗教法人」という資格を取得しさえすれば、いわば自動的に「公益法人等」として各種の税制上の優遇措置を受けてきた従来の仕組みについても、まったく影響がないとは言い切れない事情があります。

そこで、宗教法人と法人制度一般や法人税制とのかかわりを一度整理しておく必要がありますが、この問題を考える場合、少なくとも以下の諸点はよく押さえておかなくてはなりません。

第一に、法人格の取得と公益性の判断とが一体的でないのと同様に、法人格の取得と税制上の措置との間に必然の関係があるわけではありません。法人格を取得するには許可主義によるのと準則主義によるのとでは大きな違いがあります。これまでの「公益法人等」という括り方は、そうした違いにかかわらず、多様な各種の法人を法人税制の政策目的から一括して定めたものにすぎず、宗教法人について公益性の認定をともなった一義的な帰結をもたらすようなものではないのです。

第二に、およそ宗教的な組織や団体に対する租税減免制度は、どの国でも古い歴史をもち、国教制・公認宗教制・政教分離制といった政教関係のいずれであるかを問わず、等しく認められるものです。このことは、どういう制度であれ、宗教というものが人々の社会生活にとって重要な意味をもち、十分に尊重されるべきことを示しています。したがって、そうした制度自体が不当な優遇税制とは考えられません。むしろ、そうした制度を否定したり、否定するに等しいような制度設計をするとすれば、日本はいわば文明国としての資格を問われることになるでしょう。仮に、租税の種別により、具体的な税率などを変更する場合でも、それは、制度の趣旨をないがしろにするものであってはならないでしょう。

なお、宗教法人を公益法人それ自体と同一視し、ここから逆に、一般の公益法人の設立が許可制であるのに、宗教法人の設立が容易であるのは政教分離原則との関係で問題がある、と説かれることもあります。けれども、公益法人の制度は、国がその実体をなす団体の活動について公益性を認定し、ある種の特典を与えるとともに国の強い監督に服させるというものです。したがって、宗教団体の活動の公益性を国家的に認定するという仕組みは、むしろ政教分離の原則とは相容れない、と考えるべきではないでしょうか。

また、宗教法人に対する税制上の特例措置を根拠づけるときは「公益」法人としての性格をもつことを強調する一方で、宗教法人の自主性という文脈では、その「非営利」法人としての位置づけを前面に出すような主張も、ときに見かけます。しかし、優遇税制を根拠づけるときの「公益法人等」という位置づけは、許可制という国の強い規制に服する本来の「公益法人」制度とは直接関係のないもので、そうした主張は現行税制上の「公益法人等」という枠組みにとらわれた――その枠組みを利用した――議論といわざるをえません。

11 二院制と一院制——それぞれの意味と内実を考える

立法権をもつ議会を単一の会議体で成り立つ組織とするか（一院制）、それとも独立した二つの会議体で構成する機関とするか（二院制。両院制ともいう）は、たんに立法権や議会制度のあり方に関わるだけでなく、議会と行政権をもつ政府との関係にも影響する重要問題である。ここでは、この問題について少し考えてみよう。

諸外国の議会はどのようになっているか

列国議会同盟が作成した『世界の議会』（二〇〇三年版）は、少し前の調査に基づくものではあるが、諸外国の議会制度を概観するのに便利である。それによると、議会をもつ一八三カ国（当時）のうち、二院制を採るのは六八カ国で、残りの一一五カ国は一院制を採っているという。しかも、二院制の多くを占めるのは、アメリカ合衆国やドイツ連邦共和国のような連邦制の国であるから、日本やフランスのような単一国だけをみると、二院制を採るのは少数派で、一院制の割合がかなり高いということになる。このように一院制を採る国は、世界で議会をもつ国の約六三％を占めており、この数字だけをみると、二院制は劣勢に立っているように見える。

しかし、数字だけでは事の優劣は判断できない。実際、総人口で三億人を超えるアメリカ合衆国を構成する五〇州のうち、一院制はネブラスカ州だけで、残りはすべて二院制であるし（逆にドイツ連邦の一六州はすべて一院制である）、イギリス・フランスのような長い議会制度の伝統をもつ単一国でも、二院制が採られている。また、例えば、総人口約四八〇万人のアラブ首長国連邦（UAE）は、連邦制国家としては珍しく一院制の議会をもち、その議員定数四〇人のうち半分は選挙、半分は各首長の任命というしくみになっている。だが、この国ではそもそも政党が禁止されているので、われわれが想定する議会の姿からは遠くかけ離れている。

実際、われわれが思い浮かべるのは、政治的な言論・集会の自由や政党結成の自由が認められた民主的な政治体制であり、その下で充分な立法権と相応の政府統制権を与えられた議会のあり方である。こうした立憲的議会を想定するのでなければ、すぐ後で紹介するような立法権の分割とか国民の意思の反映とかいっても、ほとんど無意味であるが、諸外国ではそうした立憲的議会とは程遠いものも結構多いのである。

いずれにせよ、このように幾つかの前提を置くと、実は、圧倒的に二院制が多いことに気づかされる。例えば、英米仏独伊露などによる先進国首脳会議（いわゆるサミット）の参加八カ国はすべて二院制であり、それ以外にも連邦制ではインド・オーストラリア・オーストリア・スイスなど、単一制国家だとフィリピン・オランダ・スペイン・ポーランドなど、馴染みの深い国々が足並みをそろえている。

一院制と二院制はどんな点で異なっているか

そもそも、一院制議会とすべきか二院制議会とすべきかは、ヨーロッパで誕生した近代的な議会制度の確立以来ずっと議論されてきた憲法政策上の大きな問題である。したがって、それぞれ多くの論拠が示されてきたが、これを簡明に要約すると、次のようになる。

まず、二院制論者はいう。①立法権の分割により権力の集中を避けられる、②一院だけの衝動的な決定より慎重な決定が確保できる、③国民の多様な意見や利害を反映できる云々と。これに対して一院制論者は、①立法権の分割は立法の停滞を招きやすい、②効率的な審議と迅速な政策決定が期待できる、③国民の意思を代表できる一院があれば足り、他院は無用であるなどと主張する。

このような意見の対立をみると、一院制か二院制かは決着をつけにくい難問のようにみえる。しかし、これには幾つかの注意書きが必要である。まず、その図式は、単一制国家の議会のみを想定した議論であり、連邦制の場合にはほとんど説得力をもたない。というのも、連邦制国家ではアメリカ合衆国やドイツ連邦共和国に代表されるように、連邦の構成国である主権国家としての州を代表する上院（第二院）という組織を必要とするからである（前記のアラブ首長国連邦のような例外を除く）。

次に、この図式だけでは、具体的に議会がどのような姿になるのかは、必ずしも明らかでない。

およそ国政を担当する機関を考えるときの要諦は、それぞれの組織、権限および手続がどのようになっているかをしっかり押さえることである。

　したがって、一院制・二院制のどちらを選ぶにしても、大事なことは、その議会がどのように組織され、どのような権限をもち、どのように手続を進めるかであって、その点を見極めなくてはならない。このことは、異なった会議体で構成される二院制議会の場合にとくに当てはまるが、紙幅の関係からここでは手続の問題は割愛することにしよう。

両議院は各々どのように組織され、どのような権限をもつか

　以上のような視点に立って、まず、両院制議会の組織に着目すると、先に述べた連邦制型のものと単一制型のものとに大別される。この単一制型の議会にあっては、下院（第一院）は、解散制度があり、議席全体を対象とする全部入替制の総選挙によって国民から直接選ばれる議員で組織される点において、共通している。したがって、二院制の組織上の類型は、結局、上院の組織のしかたの違いに帰着することになる。

　そして、これには、政府が上院議員の多くを任命するイギリスの貴族院型と、国民による選挙で議員を選ぶ公選議院型とがあるが、公選議院型は、さらに選挙制度の違いに応じて、イタリアのような直接選挙型とフランスのような間接選挙型とに分かれる。しかも、この場合、下院と同じように全部入替制をとるか（イタリア）、例えば議員定数の半分を対象として選挙をおこなう一部入替

制をとるか（フランス）の違いがある点にも、注意する必要がある。なお、その選挙制度が憲法で明記されているかどうかも、二院制のあり方を考えるうえで大事な論点となる。

次に、両議院の権限関係という点に着目すると、上院の組織について述べたのと同様に、自由民主主義の諸国ではどこでも、下院は立法権の行使にあずかるほか予算先議権をもつなど、重要な憲法上の権限をもつ点において共通している。したがって、ここでの二院制の類型も、上院の権限の違いに帰着することになる。そして、両院がほぼ同じ権限をもつ対等型のもの（二〇世紀初めまでの古典型）と、両院の議決が異なった場合は最終的に下院の意思が優越する非対等型のものとが区別される。

この非対等型は一院制型とも二次院型とも呼ばれるが（日本では「衆議院の優越」という）、今日広くみられる二院制はこのタイプのものである。その原型は、上下両院の抜き差しならぬ対立に悩んだイギリスで成立した一九一一年議会法にあるが、その際、下院の強い権力を選挙民のコントロールの下に置くため、同法によって議員任期が七年から五年に短縮されたことも忘れてはならない。最終的には国民の意思によって国政が運用されることが、自由で民主的な統治機構の要諦だからである。

＊　＊　＊

以上のように、一院制か二院制かという論点もさることながら、二院制の中でもさまざまな類型があり、その間の選択も重要な問題になってくる。

未曾有の大震災に見舞われ（二〇一一年三月一一日）、国政の停滞が許されない事態に直面している今日ではあるが、むしろ、だからこそ、国会両議院の内外において、衆参両院の関係、その選挙制度のあり方や参議院改革の方向などについて、衆智を集めた検討が進められることを期待したい。

◆第Ⅱ部◆ 諸書散策

12　〈書評〉向山寛夫『新中国の憲法』（中央経済研究所、昭和五〇年）

一

本書は、戦前から現在に至る中国の主要な憲法的文書の総てを収集・翻訳し、詳しい解説を施したものである。著者は、労働法・中国労働法の専門家であるが、そこでの多くの業績のほか、既に『中華人民共和国の刑事法』（中央経済研究所刊、昭和四六年）なる作品を著わされたことがある。筆者はまず、本書によって、その中国法研究の豊かな蓄積がふたたび公けにされたことを慶び、その一貫した研究姿勢に敬意を表したいと思う。

もとより、筆者は憲法の一学徒ではあるけれども、中国語を解する能力に欠け、したがってその憲法の精確な把握をなしえないものである。また、平野謙流の「書評」への抵抗にも或る共感を覚えるものである。ゆえに、本書のいわば「書評適格性」について、誰よりも筆者自身、少なからぬ疑いをもつものである。

以下は、したがって、主として本書の内容紹介に意を用いることとし、僅かな評言にわたる部分も、所詮その程度のものに限られるから、そのことが却って、本書の然るべき価値を損う結果になりはしまいかと恐れている。

〈二〉本書は、それと明示されてはいないが、まず本篇と「附録」とから成り、本篇自体は、ほぼ三部に分かれている。その第一部は、第一節から第三節まで、すなわち「序論」、「中国共産党略史」および「中国共産党の憲法理論」によって構成され、本書に収められた憲法的文書を理解するための必要最小限の基礎知識を伝える総論と呼ぶべきものである。

その第二部が、本書の主要部分を成し、第五節から第一〇節にかけて、「中華ソヴィエート共和国憲法大綱」（一九三一年）、「延安政権の施政綱領」（一九三九年—一九四六年）、「中国人民政治協商会議共同綱領」（一九四九年）、「一九五四年の憲法」、「一九七五年の憲法」、「一九七八年の憲法」および「一九八二年の憲法」が、それぞれほぼ逐条的に仔細に解説されている。本書「附録　憲法と施政綱領の訳文」（一〜八）は、ちょうどこの第二部に対応する資料集となっている。本篇第三部は、第一一節「結論」部分で、中国憲法の流れを鳥瞰し、その特徴に論及するものである。

本書の構成は、以上の如くであるが、評者はここで、巻末にある索引の充実ぶりに、特別の注意を促しておきたい。すなわち、それは「法規」索引と「事項」索引（人名を含む）とから成り、それぞれ詳細な項目が付されていて、おそらく類書に例をみないところであろう。評者には、著者のいちばんの腐心は、実にこの索引の作成にあったことと思われるのであるが、本書はそれをそれとは語らず、わずかに「事項の索出は、索引を利用いただきたい」（四頁）と記すのみである。ある種のダンディズムに通ずるものがあるのかも知れない。ダンディズムを支えるのは自負であろう。

い。家督相続が起こるのか遺産相続が起こるか第一に考えなくてはならんからね。しかしそれは我々法律専門家のいう事で又法律家の考え方なのだ。藤枝君、君は今民間にいるからよく知ってるだろうけれども（藤枝というのは、浜尾作品で活躍するヤメ検の私立探偵である——平井注）、僕ら法律家が素人にきかれる法律問題は、大抵刑法か親族相続に関する法律だ。これは如何に一般にこの法律の知識が行き渡っていないかという事を証明する。……ここに法律を少しも知らぬ学者があった。彼の妻の母は四〇万の財産家だ。その母が死ねば少なくともその金は妻とその妹が半分で分けると信ずる。又は彼が法律家に聞いたとしよう。御承知の通り相続法の事件は詳しい事を聞かなければ聞かれた法律家はそうでも簡単に答えるより外あるまい。又妻を殺して得をしようとする人間が、そう詳しく法律家に問題を聞くわけはないからね。そこで彼は次に一旦、妻に帰属した財産は妻が死ねばまた自分にくると考える。まして自分には子はないのだからそう思う。ところが妻が母より先に死んでは自分に一文の利益もない。皆妹の方に金が行ってしまうからね。」。

かくて、帯広検事の見解では、検死の結果とは異なり夫人の死がその母の死よりも後であると主張する蓑川博士が、大いに疑わしいということになるのである。

昔の推理小説で、このように相続問題が犯行の動機である場合には、明治民法の相続法の知識も必要になる。以下に多少述べてみる

現在は家督相続はなくなったが、明治民法では、相続には家督相続と遺産相続とがあった。家督相続と遺産相続とを分ける事は明治民法に始まったわけではない。その前の旧民法でもこの二つが認められ

ていたのである。家督相続は、戸主の死亡、隠居等により開始する。これにより前戸主の有した権利義務を承継する、すなわち戸主の地位を承継するのである。本事件でいえば博士夫人の母親が女戸主であった場合に家督相続となる。法定の推定家督相続人については九七〇条が定めるが、「被相続人ノ家族タル直系卑属」とある。そこで、「家族」とはと見ると、「戸主ノ親族ニシテ其家ニ在ル者及ヒ其配偶者」(七三二条)であるから、博士婦人は博士の家に、妹は仲井の家に婚姻によって入ったであろうから、「母親が戸主である家に在る者」ではないことになって、母親が予めこのどちらかを家督相続人と指定してあったか、それがない場合には親族会によって選定されなければ、母親の家の家督を相続することはできないことになる。本事件は、帯広検事のように博士が真犯人とすれば、家督相続では確固たる動機とはなりえない。

ついでながら、帯広検事の推理のなかに、「博士夫婦には子がないのだから」ということが出てくる。遺産相続では、後述のように、単純な財産相続であるが、明治民法では被相続人の直系卑属がいる場合には配偶者は相続できないから、帯広検事が博士夫婦には子がないことを指摘したことは首肯できるのである。遺産相続は、戸主ではなく家族が死亡した揚合に開始する(九九二条)。同順位の相続人が複数いる場合の相続分は「相均シキモ」とされる(一〇〇四条)。均分相続であって現行法と同様である。

旧民法及び明治民法以前の明治初期においては、相続に関しては太政官布告で定められていた。それによれば、明治六年に「家督相続ハ必ズ総領の男子タル可シ」とあり、右の布告は「華士族ノミノ儀」とされていたが、その二年後に「平民モ華士族同様ト可相心得事」となったのである。本事件のように総領の男子が存在しない場合にはどうなるのかは、恐らくその後になんらかの定めがあったものと思われるが、追跡をしていない（明治民法の起草過程を知る事ができる『法典調査会民法議事速記録』では、法定家督相続人に関する箇条には膨大な内務省指令や司法省指令が参考文献として引用されている。）。なお、本文中に引用した条文は、明治民法のそれであって、現行民法のものではないことはいうまでもない。

最後にひと言。本事件で死亡時刻を前倒しするために行われたトリックは、犯人が死後ただちに硬直がおきるような薬物を注射したことによるものとされる。著者浜尾氏は、この薬物が濫用されることをおそれたのであろうかその名を明らかにしていない。そのことはよいとしても、検死によって注射の痕は発見されたのではないか。そうだとすれば、薬物が使用されたと推測され、博士に無用の嫌疑がかかることは無かったのではないかと思われる。

（浜尾四郎「博士邸の怪事件」『鉄鎖殺人事件』所収。桃源社、昭和五〇年）

「仏蘭西法律書」――親権について

司馬遼太郎の『明治という国家』（日本放送出版協会、平成元年）に、次のような叙述がある。

「日本にいるアメリカ人がですね、日本人を殺す。あるいは傷つける、だます、といったふうな犯罪をおかした場合、日本政府は手も足も出せなかったのです。『容疑者はアメリカの領事がひらく裁判所において吟味の上、アメリカの法律でこれをさばく』となっているのです。

日本国の主権いずこにありや。しかしアメリカ側からいえば、むりもないでしょう。江戸日本が世界に通用する近代的な法体系をもっていないのに、罪人をまかせることはできません。もし幕府が裁判をやるとすれば、大岡越前守や遠山の金さんが出てきて、大岡裁判をやらざるをえないのです。アメリカ人としては、何をされるかわからないという不安がある。

それに、関税。この条約では日本は自分の国の関税にくせに、自分の国で税率をきめることができませんでした。相手まかせです。これも、腹だたしいことですが、むこう様の立場でいえば、むりはないかもしれません。江戸日本のような、国際慣習をなに一つ知らない国なら、べらぼうな関税をかけるかもしれない。それなら、『先進国』としてはたまったものではない。」。

さらに、幕府が締結した条約で、他にも、プロシアによる北海道の一部租借、アメリカによる鉄道敷設、英仏による軍隊の駐屯が約定されたが、「これは、明治国家が、国家成立とともに当該の国々と折衝して、白紙にもどしました。よかったですね。」と書かれている。

明治三二年まで残った、治外法権の撤廃と関税自主権の回復のために、明治政府は、泰西主義に基づいた国家法の制定を急ぐことになるが、その手始めが、箕作麟祥に下命してのフランスの法律の翻訳であった。

話は飛ぶが、父親と子の関係は奇妙なものである。母親と子の関係は分娩という事実によって明らかであるが、家庭で出産しなくなり病院で出産するようになると子供のとり違えなどということもないではないけれども、父子の関係は、父親がこれはわが子と信じることを基盤として成り立っているにすぎない。ストリンドベルヒが、幸せそうに連れ立って歩いている父子をみると、あの父親は傍らのわが子が本当に自分の子であろうかと一瞬たりとも疑ったことはないのだろうか、と言ったそうだが、極論すれば、父子関係は、夫が妻を信じるところから成立するはかないものである。

家族法の大家、中川善之助博士によれば、古事記の時代には、オヤという語は母親を意味したそうで、父はオヤとは呼ばれなかったらしい。もっともこれは当時の婚姻の形態にもよるものであろう。こんなことを枕として、親権について駄文を弄してみたい。

現在の民法の親権の条文は、「成年に達しない子は、父母の親権に服する。」(八一八条一項)である。これは、民法第四章親族の第四章親権の冒頭の規定である。フランス民法、第一編人の第八章親権の冒頭の規定（三七一条）は、L'enfant, à tout âge, doit honneur et respect à ses père et mère.であり、法務大臣官房司法法制調査部の訳によれば、「子は、すべての年齢において、その父母に対して、敬意及び尊敬の義務を負う。」である。これは、ナポレオン民法の規定ではなく、というよりも、その当時から変らぬ現在のフランス民法の規定の一つである。わが国には、このように子が両親に対して「敬意及び尊敬」の義務があるという規定は、かつて置かれたことはない。この違いをどうみたらよいのであろうか。明治初年の本書にも、「子タル者ハ其年次ヲ問ハス父母ヲ尊敬ス可シ」と訳されているから、フランス民法にこのような規定があることは早くから知られていた。わが国では、父母に孝であることは儒教的教育の下では子たる者の道徳であるから、あえて規定するまでもないと考えられたのであろうか。親に孝養を尽くすということと親を尊敬するということとは少し異なると思うが、民法に規定のあるなしを別として、君に忠が廃たれるとともに、親に孝も怪しくなってきたけれども、親たる者は子供から（未成年には限らない。すべての年齢においてである。）敬意と尊敬の念をもって接せられるような関係にあるのが理想であろう。むずかしいことではない。私のことを棚に上げていえば、いかなる職にある親にせよ、人生に真摯に向き合って努力し真面目に生きてきたその背中を子は見ているのである。

親子法は、家のための親子法から親のための親子法へ、さらに親のための親子法から子のための親子法へと三転しているといわれる。親権の内容も支配から監護へとその性格を変えてきている。私が不思議に思うのは、親権は子のためにあるならば、なぜ現行の民法が「子は、父母の親権に服する」という規定の仕方をしたかということである。フランス民法でも、改正前には「子ハ、父母の権力下ニ在ルモノトス」（Il reste sous leur autorité）となっていたが、一九七〇年改正によってこのような文言は削られ、

「親権は、父母に属する」と改められた。「服する」という用語は、支配服従の関係を想起させるではないか。これは、現行の民法が明治民法八七七条の「子ハ其家ニ在ル父ノ親権ニ服ス」という文言をそのまま踏襲したからにほかならない。新憲法の下で親族法改正のときにこの用語も改められるべきであったと思料する。ちなみに、フランスでも、改正前までは、「両親の権利」(autorité parentale)ではなく「父親の権利」(puissance paternelle)とされていたことを付け加えておこう。

親権の帰属と内容については、現行フランス民法は、「親権は、子をその安全、その健康及びその精神において保護するために、父母に属する。」。「父母は、子に対して監護、監督および育成の権利及び義務を有する。」(三七一条の二)と規定する。わが民法もほぼ同様であって、「親権を行う者は、子の監護及び教育をする権利を有し、義務を負う。」(八二〇条)である。つまり、親権とは権利であると同時に義務でもある。この義務について、明治民法制定当時議輪があった。法典調査会において、穂積八束(旧民法に対して、「民法出でて忠孝滅ぶ」というスローガンを掲げて反対したとされる人物である)の「この義務は国家に対する義務ではないのか」という質問に対して、民法起草委員である梅健次郎は、「親権というものを民法に規定する以上は、権利というものよりも寧ろ義務のほうが主であろう」と述べたのに続けて、「ここにいう権利義務というのは、社会に対し国に対しというのではなく、私法上の関係から子から親に対し親から子に対して定めたつもりであります」と答えているのである。

ここに明瞭に、親権とは、子が親に対して監護・教育を受けることを子の権利として主張できるという思想が読み取れるのである。明治中期の子は親の支配に服さなければならないという思想が一般的であったであろう時代において、子中心の親権概念を説いた法律家がいたことを強調しておきたい。

昭和も終わり平成になった現在でも、未成年の子を親が支配でき、自分の思うままにならないとして虐待をする事件がままある世相が、私をしてこのような一文を書かせたのである。

（「佛蘭西法律書」上巻・下巻、翻譯局譯述・印書局印行、明治八年）

フランス民法典――婚姻について

アメリカのいくつかの州では、同性婚が法的に認められたそうである。州法レベルのことで、国法ではない。

男同士、女同士で夫婦となるということは、私には理解できないが、そういう人もいるのであろう。アメリカの婚姻法については全く知識がないが、相互扶助の義務、同居の義務などは男女の夫婦の場合と同様に考えればよいとしても、親子の関係はどうなるのであろうか。夫婦養子は認められるのか。仮に認められないとしても、一方の配偶者が単独で養子をすることはできるのか。認められた場合に、養親の配偶者と養子との関係はどうなるのであろうか。家庭というものを市民生活の一単位として考えた場合には、夫婦の関係は親子の関係を抜きにして決めることはできない。そもそも、婚姻届において、いずれかの一方を夫、他方を妻として届けるのかどうか、知見がないのでこれらの疑問は私の頭の中だけのことである。

わが国での西洋法制の導入にあたって、初めに参照されたのがフランス法であることは別にも述べた。

以下では、まず、一八七一年（明治四年）に箕作麟祥によって翻訳されたフランス民法の婚姻にかかる箇条の一部を示してみよう（原文はカタカナであるが、便宜上ひらがなに変えた。フランス民法は一八〇四年にナポレオンの命によって制定されている。）。

第六三条　民生の官吏は婚姻を行はしむる前に其「コムミューン」の官庁の門前に二次公告書を出し示す可し但し其公告は初めの公告より後の公告に至るまで其時間は八日を隔て其一は必ず日曜日に之を為す可し又此公告書及ひ其公告を為したるに付き記したる証書には夫婦となる可き者の姓名、職業、住所及ひ丁年たる事、幼年たる事と其父母の姓名、職業、住所とを記す可く且其証書は其公告を為したる日時及ひ場所に至る迄を記して別に設けたる簿冊に記す可し（以下、省略）

第六四条　初めに公告を為したる日より復ひ公告を為すに至る迄の其八日の時間は其公告の証書の摘撮書を「コムミューン」の官庁の門に貼附しおく可し

婚姻は後に公告を為したる日より三日を過さる前に之を行ふ可からす

第六五条　若し後の公告を為したる日より三日の期限の終りし後一年内に婚姻を行はさる時は前条に記載したる方式を以て更に公告を為ささる前に婚姻を行ふ可からす

現在（参照したのは二〇〇六年版の民法の条文である）、これらの規定は以下のようである。

第六三条　婚姻の儀式の前に、身分吏は市町村役場の門扉に貼付する掲示によって公示を行う。この公示には、将来の夫婦の姓名、職業、住所および居所並びに挙式すべき地を明らかにしなければならない。

第六四条　前項の予告の掲示は、市町村役場の門扉に一〇日間引続いてなされるものとする。

婚姻は、公示の日を含めず、その日から一〇日以前には挙式をすることができない。

第六五条　婚姻は、公示の期間満了から起算して一年内に挙式をしなかった場合には、その形式にしたがう新たな公示をした後でなければ、挙式をすることができない。

両者を比較してみると、若干の差異はあるが、身分吏（民生の官吏）が、夫婦となるべき者の、姓名、職業、住所を、市町村役場（コムミューン）の門扉に一定期間掲示（公示）すること、期間経過後でなければ婚姻は行ってはならないこと、などは変わっていないことがわかる。すなわち婚姻は、個人の問題であるにとどまらず、将来の夫婦の住むべき地域住民社会に、官吏による公示によって周知されるような配慮がなされているといえよう。

以下現行法についてのみ紹介するが、七五条以下では、挙式の手続きとして、市町村役場において、少なくとも二人多くとも四人の証人の面前において、身分吏が将来の夫婦に対し、二一二条（夫婦の貞節・扶助・協力の義務）、二一三条（夫婦は共に家族の精神的・物質的な管理（direction）を確約し、子の育成に資し将来に備えること）、第二一四条（婚姻費用の負担の定め）、二一五条（生活共同の義務）を読み聞かせること、婚姻証書（当事者の氏名、父母の氏名、証人の氏名等の他に、互いに夫婦となる旨の申述及び身分吏による結合（union）の宣言を書き込んだもの）の作成が求められる。

これが、婚姻に関してフランス民法の定めるところである。翻ってわが国ではどうかといえば、このような儀式めいたことは一切不要であって、戸籍届をしなければ法律上の夫婦は成立しないことすら民法上には規定がないのである。神前結婚（キリスト教あるいは神道の）や仏前結婚を行う者が多いが（かくいう私もそうであった）、新郎新婦の宗教とは無関係に（そもそもわが国では、個人が信仰する宗教などはないに等しい）どれを選ぶかはムード的に選択されるにとどまっている。

一般的にいえば、わが国では、あるコミュニティー（家族もそうである）に属するために、儀式ないし宣誓は一切不要である。フランスでは、弁護士になる際には、弁護士会長のもとでなされる宣誓は、その文言すら法定されているそうであるが（「私は、弁護士として、その職務を、品位、良心、独立、誠実、そして人間性をもって行うことを誓います。」（小粥太郎「民法学の行方」より））、わが国では、弁護士になる際には、宣誓もなければ弁護士会からその身分を証する証書の授与の儀式もない。曾っては法廷に出入りするには法服着用であったがこれに代わるものとして現在はバッジがあるけれども、看護婦には戴帽式があるが（男の看護士に戴帽式があるのかどうか知らないので、あえて看護婦と書く。）、弁護士にはバッジ着用式もないのである。厳粛な儀式ないし宣誓の下に或る職につくことは、その職にあることの自覚を促しひいは職業倫理の維持にも資するのではないかと思われるし、夫婦となるに際しても、厳粛な儀式を経ることが、夫婦あるいは家庭というコミュニティーにおいて、夫たる自覚、妻たる自覚、子への責務の自覚、すなわち家庭人としての倫理維持を促すのではあるまいか。

先に引用した小粥氏も、同書において、「元来、神など高次の権威を持ち出して約束の誠実性を担保しようとした宣誓が、個人の尊厳をタテマエとする近代法の世界でいかなる意味を有するのかは明らかでないが、ナイーブな見方であるにもせよ、それが当人にとって約束の意味を反芻する機会となる儀式であることは確かであろう。再び家族に眼を転じるなら、家族団体を形成して一定の身分に就く約束＝婚姻についても、フランスでは、民法典において、単に証書を作成するにとどまらず、徹底的に非宗教化されつつも一種の厳粛さを持つ儀式の次第が、定められている（七五条）。」と述べられている。

小粥氏の論稿は、近代人は、身分制社会や中間的諸団体の制約から解放され、真空空間に放り出されることによって誕生したが、このような個人に対しては誰も生き方を教えてくれない。人は真空空間で自己決定を迫られるが、拠るべきはずの身分や職業団体に伴う名誉の掟は、個人の尊厳にとって代わられているとして、現代のわれわれにとって名誉とは何を意味するのであろうかと問いかけられている。私が、いまこれに答えられるものではないが、すくなくとも最小限の共同体である夫婦のその第一歩たる婚姻の締結において、法に定められた非宗教的でありながらも厳粛な儀式を踏むことが、互いの倫理的自覚を維持することに資し、よき家庭人として行動すべきであるという規範が、真空空間に放り出された近代人の自己決定の一助になるのではあるまいか。

（参考、小粥太郎「民法学の行方」商事法務、二〇〇八年）

松葉一清「パリの奇跡」

一九九八年夏の、私の三度目のパリでの滞在先は、一五区の Georges Pitard 通一五番地にあるアパルトマンであった。モンパルナス駅を起点として鉄路が南に延びており、それに沿った二九階建（日本式では三〇階建）の一九階の一室である。広さは約一〇〇平米、入り口のドアを開けると四〇平米くらいのリヴィング・ダイニング、ほかに寝室が三部屋とバス、トイレ。床は緑色の大理石が敷かれているが、壁はクロスも貼ってなく白いままで、絵一つ飾られていない殺風景な部屋である。後から来た家内が、「倉庫に家具だけ置いてあるような部屋だわね。」と評したが、それでも、最上階にはプールがあり、一階には終日ガルディアンが詰めているのであるから、グレードとしてはそこそこのところの筈である。揄すべきは眺望であって、エッフェル塔、やや重なってだがシャイヨー宮、その右手に凱旋門、間近かにはアンバリッド、更に右を見れば夏の間だけチュイルリ公園の観覧車が廻るのが望見でき、その彼方にはサクレクール寺院が霞んで見える。しかし、この眺望がえられるテラスは西を向いていて、真夏の夕方ともなれば夜の一〇時ころまで西日が部屋の奥まで差し込んでくるという、つまりは、盛大に日に当たりながら夕飯を食べるという、日本では出来ない貴重な経験ができる部屋であった。

わが国でもそうだが、線路沿いの街並みは上等の部類には入らないのだから、此処も、ご多聞に洩れず、再開発によって多くのアパート群が建てられた一角なのである。もともとモンパルナス駅周辺は、ゴミゴミとしたところであった筈で、それゆえに再開発の対象になり、トゥール・モンパルナスなどという俗悪な建造物が建てられるにいたった。モリディアーニ、シャガール、などの絵描きが集い、モデルのキキが活躍した、貧しいながらロマンのあったモンパルナスは今はないのである。

最近の本に『パリの奇跡』（松葉一清、朝日文庫、一九九八年）というのがあって、次のように書かれている。

「パリは、『アメリカ化』を拒否して、ナポレオン三世治下の一九世紀なかばに完成した都市風景を守ってきたから、世界から観光客がやってくるのだ。なのにモンパルナスの姿はどうだろう。最も陳腐な工業部品の組み合わせとしか表現のしようがない景観が幅をきかせている。」。もっとも、わずかにメレディアン・ホテルの裏辺りには、いまだ怪しげな店がいくらか残って、往時の偲ぶよすがとはなっているのだが。

同じ書物では、カタローニュ広場にある集合住宅のコロンヌ（松葉は、これをコロンとしているが誤りである）を誉めているけれど、ほとんど毎日のようにここを通った私には別に素晴らしい建築物とも思えず、日本の公団住宅をすこしばかりモダンにしたような印象しか抱かなかった。『ガイドブックにないパリ案内』（稲葉宏爾ＴＢＳブリタニカ、一九九七年）では、「でも惜しいことにこの外装、近寄ってみるとぺらぺらでまるで安っぽい。完成してまだ一〇年たたずなのに、もうあちこちヒビ割れたり剥がれたりしているのである。」という観察が当たっている。ともあれ、モンパルナス一帯は、あまり高級とはいえない所得層のための高層住宅群が広がっており、パリのなかでも悪く言えば惨めったらしい雰囲気をかもしだしているのである。

アパルトマンの最寄のメトロ駅は、一三番線のプレザンスで、歩いて一〇分ほどかかる。バスの駅の方が近く、乗換えなしで、レンヌ通り、サンジェルマン通りを経て、セーヌを渡り、ルーブルの前庭を通ってパレ・ロワイヤルまで行くことができ、また、国立図書館がトルビアックに移転したので、ここへも一本で行けて、その点では便利であった。場末にあることの利点といえば、近くのボルト・ヴァンヴには、土日の午前中には蚤の市がたつ。ガラクタばかりだが、えんえんと連なる露店をひやかして歩くのは楽しい。これは良いなと思う品はどれも一〇〇〇フラン以上の値がついていて、値切ろうものなら、「一三〇〇と書いてあるだろ。わからないのかい。だから一〇〇〇以下では売らないよ。」という威勢のよい返事が返ってくる。せっかくの記念だからと一〇〇フランの値のついたガラスでできた柄つきの籠を買ったが、七〇で契約成立であった。また、比較的近くにジョルジュ・ブラッサンス公園がある。ここは、たとえば、モンソー公園などと違って、およそ観光客は訪れない公園である。由緒あるモンソー公園やリュクサンブール庭園の入口には、天辺を金で飾った高い鉄柵が設けられているが、こちらは極く庶民的に開け広げで、近所の子供たちの遊び場といったところである。といっても、かなり広く、バラ園やぶどう畑もあって、公園の入口には、立派な牛の像が向かい合って立っている。じつは元は屠殺場だったとか。時計台もあるが、牛や馬の競りに用いられたといわれている。公園東側の山形の鉄屋根に覆われた広場では、土日には古本市が開かれる。公園の名はご存知シャンソン歌手にちなむもの。

ジョルジュ・ピタール通りを左に折れ、ガルモンクラール広場をさらに左に曲がると、毎朝のようにパンを買いに出た店で、顔なじみとなった娘さんから、「あなたは、シノアかジャポネか。」と聞かれ、ジャポネだというと、「シノアは挨拶にニイハオというでしょ。ジャポネはなんというの。」というから、コンニチワだよ、と教えたりした。その先に行くと、モンパルナス駅からの線路を潜るガードがあって、メトロのプレザンス駅である。それを越えてすこし行くと、よく買物をしたスーパーのアタックがある。スーパー・マーケットはアメリカから入ったので、そのままシューペル・マルシェと呼ばれる。大手のモノ・プリはフランス語だが、ここのアタックとかチャンピオンとかリーダー・プライスなど英語名が多い。

さて、パリの水道水は飲めないといわれているが、カフェでタダでだしてくれるのは水道水を冷やしたものであり、パリっ子たちはエクスプレスと一緒によくこれを飲んでいる。私も飲んだが別に腹も下らない。しかし、美味い珈琲をいれるには（もっとも、フランスの珈琲は豆があまり上等ではない。食に関しては、日本の方がずっと贅沢である。）はばかられて、軟水とされているヴォルヴィックを買い込むことになる。車で買出しならどうということはないが、半ダースも持ち運ぶのは容易ではない。となれば、スーパーの倍の値段を払って近所の食料品店から買うことになる。というわけで、そこの親父さんとも顔馴染みとなり、昔ながらの青い上被りを着た、こわもての顔に似合わずお人よしの親父に先方から挨拶されるようになった。

モンパルナスでもう一つ忘れられないのは、墓地である。高い石塀に囲まれた静かなエリアで、散策にはもってこいの場所である。由緒ありげなお墓は、教会を模したのであろうか、わが国いえば皇居で見かける巡査詰所のような造りで、裏面と左右の壁面にはさまざまに意匠を凝らしたステンド・グラスが嵌め込まれていて、これ見て歩くだけで楽しい。正面の扉の上にはFamille・・とその家の名が記されている。フランスは、国家として早く近代化したが、実は、家父長的で、家制度が強く残っていた。昔読んだフランス語手紙の書き方の本では、子が父に書留を出すことも禁じられていたとか。受け取りを確かめるようなことは目上に対する礼に欠けるからである。もっとも、個人の墓もある。その場合は「・・家」ではなく個人名が記されていることはいうまでもない。そして、その個人を示すべく、モニュマンが設けられていることが多い。奇抜なのは、人の背丈ほどもある紅白に彩色された猫が立っていたり、モダンアート風な鉄で出来たトンボが飾られているものもある。墓地の正面入口には、ガルディアンの詰所があって、ここで誰が何処に埋葬されているかを示したプランをくれる。モンパルナスのは、一枚の平面図で、この辺りにはボードレール、あの辺りにはモーパッサンとしてあるだけなので、探してみるに非常にわかり難い。これに対してモンマルトル墓地のそれは立派な冊子で、有名人の墓はカラー写真で載っているから、その姿を頼りにすれば探しやすい。

モーパッサンの墓には、確か彼の肖像があったはずと、プランと記憶をたよりに探したがどういうわけかみつからない。探しあぐねてベンチで休んでいると、通りかかったフランス人がわざわざ戻ってきて、どうしたのかと聞く。モーパッサンの墓を探しているのだが見つからないのだ、というと、あそこだ、日本人はよく訪ねてくるよ、と教えてくれた。というわけで、モーパッサンは済んだがこんどはユイスマンスを探すとこれも見つからない。プランに示されたあたりをいくら探してもないのである。ついでに聞いておけばよかったと思ったが、あとの祭りであった。

ボードレールの墓はすぐに分かる。殆ど人影のない墓地だが、その中で人がいるところといえば彼のお墓の前だからである。この墓地を訪ねてくるもの好きは、ボードレールがお目当てらしい。墓石の上には、いまでも花が捧げられているが、彼への献辞が紙に書かれて風に飛ばないように小石の重しが置かれていたりする。文学の神様への祈願ということなのであろう。この墓地には、文人としては、先に挙げたユイスマンス、モーパッサンの他にも、モーリアック、サントブーブ、サルトルなども葬られているのだが、これほど盛況なのはボードレール先生だけである。泉下の彼はどう思っているのであろうか。苦笑いをしているに違いない。

さて、モンパルナス墓地の高い塀を南に沿って歩くと、ダンフェール・ロシュロー広場にでる。ここは、自由の女神の作者バルトルディ作の青銅のライオンが、「国防」と銘を打った台座の上でフランスを守っている。広場の名は、第一次大戦のときに有名を馳せた軍人にちなんだらしい。このライオンがドイツの方を向いて威嚇しているのなら面白いがそうでもないらしい。広場を左折して北に行けばリュクサンブール、南に行けばダゲール通りの入口である。

リュ・ダゲールには特に思い入れがあって、今回もまた訪ねた。というのは、岳父が、戦後間もない昭和二九年に渡仏し、ここにアトリエを借りて制作に励んだところだからである。松葉の本書によれば、通りの名は、写真機の発明者ダゲールに由来し、昔からアトリエ建築が多く、芸術家、作家、俳優などが今でも住んでいるとのことである。通りの両側には、果物店、花屋、チーズ・ワインを売る店などが軒をつらね、活気に満ちている。

岳父の住んだころの街はどのような風情であったであろうか。神戸から貨客船でマルセイユに着き、鉄道ではるばるパリに辿りついた岳父は、何を思いながらここで絵をかいていたのであろうか。見るものすべてが刺激的であり、絵の題材となりうる街にあって、すでに中年を迎えていた画家は、貪欲に画業に励んだことであろう。Rue Daguerre での作品「アトリエにて」が帰国後芸術院賞を受賞することになる。

（表題の書物の出版社・出版年は本文中に記載）

辰野　隆「辰野隆随想全集１　忘れ得ぬ人々」

表記の書物は、辰野隆先生がご自分と交流のあった方々の思い出あるいは印象などを書き綴られたものであって、谷崎潤一郎、幸田露伴、長谷川如是閑ほか、三〇名ばかりについて記されている。殆どがいわゆる著名人であるが、なかに、「記憶に生きる人」という題で佐藤正之氏について書かれた一文がある。佐藤氏は、古い中央大学の卒業生で、卒業して母校の職員となった。私にとっても大先輩に当たる方であり、氏がいかに中大の発展に寄与されたかが述べられている。

「佐藤大人のようなのがほんとうに立派な人で、自分では自分のしたことを一言も話したことがないのでわからなかったが、だんだん人づてに聞いてみると、こういう良いことばかりしている人だというのが後でわかった。わかったときにはもう死んでおられた。隠れたえらい人とは、佐藤正之さんのような人であろう。」と。

佐藤氏は、中央大学は法律の学校である。一流の法律の先生たちを呼んでこなければよくならないというので、東大の先生たちを迎えた。ほかの私学よりも俸給がよい。夜間部を担当される先生には、夕飯は学校で食べてくれといって、それも仕出し弁当ではなく、神田の近所でも恥ずかしくない鰻丼をとるとか、ちゃんとしたごちそうを出してくれた。

ところが、貧乏大学にはその払う金がない。そうすると佐藤さんは郷里の地所を売り始めた。先生ばかりにではない。生活に不如意の職員や小使たちまで温かくいたわって生活を助けてやる。

「学者を優遇し、校員たちを愛した。学生の数も質も著しく向上してきた。どんどん学校の方も隆盛になってきたわけである。

中央大学の卒業生は私学では非常によく、司法官とか弁護士なんかにりっぱな卒業生を多数出して、どんどん盛んになってきたけれども、その盛んになったときには、佐藤さんはすべてを売りつくして一文なしになってしまった。」。

佐藤正之氏とはこんな人であった。

俸給を渡すにしても、天下の学者を会計課に呼んで月給を渡すのは失礼だといって、自分ならびに自分の使っている職員に家に届けさせる。辰野先生曰く、「自宅に届けられると亭主のからくりが露見するので、迷惑する先生もいたらしい。」と。

「ぼくは中央大学で講義するとき、『きみたちの先輩には、こういう人が幹事として、大学の運勢に生涯を捧げた。中央大学の発展というものは、佐藤翁に負うところが非常に大きいのだ。こういう先輩は、官立大学、東大のような学校には、出ようとしても出ないんだ。立身出世も結構だけれども、こういう大先輩がいるということは、中央大学の無上の誇りだぞ』としばしば言うのである」。

この文章が『おかめはちもく』に載ったのが、本書の出典一覧によると昭和三六年八月のことである。

私が中央大学に入学したのが昭和二九年。辰野先生の「フランス文学」という講義を聴いたのは同年のことであるが、そのときはこのような先輩がいたということを講義で聞いた記憶がない。あるいは、辰野先生が佐藤氏について深くお知りになる前のことだったのであろうか。

私が入学したころは、中央大学はすでに総合大学になっていたけれども、当時の私学にはそれぞれ売り物の学部があった。早稲田なら政経、慶応なら経済、中央なら法律というぐあいに。事実、中大の司法試験の合格者の数は東大を抜いていたのである。しかし、忘れてはならないのは、それだけの合格者を出すための受験者の数であって、その点では、中大は東大の何倍かであったはずである。

『記憶に生きる人』の書き出しは、「小学時代から今日まで、学校の生活から離れぬ狭い境地からの見聞にすぎないが、思い出すたびにいよいよ敬慕の念を深める、和田正幾先生と佐藤正之大人の追憶を中心として、心に浮かぶままをしるしてみたい。」というものであるから、はじめには和田正幾先生のことがでてくる。この方は、辰野先生が一高で英語を習った先生である。

「そのころ夏目漱石先生も一高で英語の先生をしておられたが、夏目先生はなにか英語でわからない所になると、和田先生に尋ねていたらしい。よくできる生徒が難解なことを聞くと『ぼくはこうだと思うんだけれども、和田さんに聞いてごらん。』というくらいの人だった。年は夏目先生より和田先生が五つ六つ上だったろう。」。人格的にも立派な方で英語の造詣も非常に深い方だったらしい。

辰野先生が友人からエンゲージ・リングに彫りたいから、なにかラテン語の格言を探してくれと頼まれる。先生は字引のなかからOmnia vincit amor（愛はすべてに勝つ）を探し出してこの友人に提示する。これを彫った指輪をもらった婚約者の女性が和田先生に、「こんど私は結婚することになって、彼はこういう格言を友人から選んでもらった」と話したところ、和田先生は、「たいへんこれはいい格言だ、うん、指輪に彫るには、まことに適当な格言だ」といわれたそうである。

じつは、私も、卒業生の結婚披露宴のスピーチを頼まれて、なにか洒落たことをいってやろうと、田中秀央・落合太郎編著『ギリシャ・ラテン引用語辞典』(岩波書店、一九七七年)を探し回ってこの句にぶつかり、新郎新婦に呈上したことがあった。

辰野先生の本書では、この友人は指輪の彼女とは破談になり別の女性と結婚するにあたって、また一つ格言を探してくれと頼まれたことが出てくる。このときは先生は、「天が下に新しきものなし」を渡したけれども、これは指輪に彫られなかったそうである。

結婚披露宴のスピーチでラテン語の格言などを披露するなど、いま思えば気障なことをしたものだが、私がこの格言を呈上したご両人は、いまのところ無事に添い遂げているらしい。

(辰野隆「辰野隆随想全集1　忘れ得ぬ人々」、福武書店、昭和五七年)

跋

幼いころから読書が好きであった。長じて法学研究者の末席を汚す身となったが、専門書を読むのは必要最低限に止めて、暇を作っては小説類に耽溺した。顧みて忸怩たる思いもなくはない。

最近に出版された『ヒトラーの秘密図書館』（ティモシー・ライバック著、赤根洋子訳、文芸春秋・二〇一〇年一月）の中で、著者は、ヴァルター・ベンヤミンの「蔵書をみればその人の多くのことがわかる」という言葉を引いて、ヒトラーがどのような書物を読んだか、どういう書き込みをし、どの箇所に下線を引いていたのかを検証することによって、ヒトラーの思想ないしイデオロギー上のヴィジョンが、どのようにして形成されていったのかを追跡する仕事をおこなっている。ヒトラーは、自己が無教養であることを自覚していたらしく、その裕を埋めるべく実に多くの書物を丹念に読んだとされている。彼の反ユダヤ主義には、アメリカの自動車王ヘンリイ・フォードの論文が影響を与えていたのは、歴史の皮肉というべきであろうが、ここでは、この書の内容には触れまい。

つまり、自己の読書の対象を一々明らかにするということは、ある見方からすれば、自己の内面をさらけ出すことにも通ずる。本書をお読みくださった方は、私という人間をどのように捉えられたであろうか。

本書の前身は、『書物のある情景』という本書と同名のささやかな私家版の小冊子である。たまたまこれを読んだ信山社社長の袖山さんが、「本にしましょう」と言ってくださった。信山社からは、これまでに私の専門にかかるいくつかの書籍を出版していただいている。そのご縁と袖山さんのご好意によって、このような拙い書物が世に出ることになった。本書の形にするには、私家版が基になっているが、内容を書き改めたもの、新しく書き下ろしたものなど、かなり前身とは異なっている。編集作業に当たってくださった同社の稲葉文子さんにも、この場を借りてこころからお礼を申し上げたい。余白に入れた絵は、家内が余技に描いたものである。面映ゆいことだが、家内にも感謝を。

その心意気を、著者は外国資料の翻訳に託して、控え目にこう述べている。

労働法など中国法の法規については欧米各国やソ連の法規の場合のように定訳と見られる信頼できる訳文がないことを従来から痛感させられていたが、今回も、とくにその感を深くした。外国法の研究は、法規について定訳をうることが第一歩である。従って、訳文の巧拙は別として、専門家に附録の憲法と施政綱領の訳文をそのまま引用していただけるようにできるだけ正確な訳出に努力したつもりである。（四頁）

もちろん、中国憲法の訳書は他にもある。なかでも、一九五四年憲法は故小岩井浄氏によって、一九七五年以後の諸憲法は浅井敦氏によって邦訳されたものが、官辺の類書は別として、最も人口に膾炙している筈である（いずれも岩波文庫中の宮沢俊義編『世界憲法集』〔初版・一九六〇年、第二版・一九七六年、第三版・一九八〇年、第四版・一九八三年〕に所収）。さきに断った通り、評者は「訳文の巧拙」を云々する立場にないけれども、右の著者の心意気が巻末索引の周到さと一体であるのを推測することはできる。これに加えて、本書は、岩波文庫『世界憲法集』で接することのできなかった、一九五四年憲法に至るまでの憲法綱領類をも訳出しており（附録一〜四）、その利用価値を一層高めていると思われる。

（三）本書は、以上の意味において基本的に資料集の性格をもつ。そして資料集の生命は、編著者の目的と方法にあると考えられるが、本書はいうまでもなく、「中国は最大の倫理国家である」と世間に喧伝したような、或る時代精神の作品ではない。

著者によれば、「中華人民共和国では、極く簡単な概説書と資料集を除いて、憲法研究の専門書はない」（二九頁）由である。そのこととの関連について、評者は全く不案内であるが、本書「まえおき」は、次のように嘆いて、わが憲法学界にも注文をつけている。

八つの憲法と施政綱領は、何れも中国共産党が制定したうえに、一九七八年の憲法と一九八二年の憲法を除いて毛沢東が指導して制定したために、理論的に一貫性がある。従って、その綜合的な研究は、新中国とくにその法律の研究にとって不可欠の基本的な作業である。しかし、こうした基本的な作業は、従来まったくおこなわれなかった。新中国の研究で、遅れているのは法律の研究であるが、なかでも遅れているのは、憲法の研究である。（三頁）

その「基本的な作業」に取り組むべく、「この著書は、中国共産党の憲法制定史を兼ねて、同党の制定した憲法ないし施政綱領の概要を制定当時の政情、党内事情と対外関係、さらにはソ連の憲法との関連に留意し、実証的に解明することを目的としている」（五頁）といわれる。が、それは当然、著者のいわゆる「脱イデオロギー比較研究可能論」の立場を前提とする。やや生硬な表現という印象を受けるが、著者によれば、要するに「ソ連などの共産主義国家の憲法など法律の研究については、共産主義と資本主義の原理の根本的な相違を理由に、資本主義国家の憲法など法律との比較との比較研究は無意味であるだけではなく、不可能である」とする「イデオロギー断絶論」と対立する立場であって、国情の特異性に留意すれば、資本主義国家法と共産主義国家法との比較研究が可能であるのみならず、意義もあるという主張をもつものである。（第一節「序論」五―六頁）。著者は、こうして中国憲法の意義を説いていわく、

八つの憲法と施政綱領は、何れも中華ソヴィエート共和国憲法大綱の継承、発展で、しかもソ連の憲法の影響を大きく受けている。ソ連を始め共産主義国家で、新中国ほど憲法資料の豊富な国は、見当らない。従って、新中国の憲法と施政綱領の研究は、新中国の憲法と法律の研究に留まることなく、一般に社会主義の憲法と法律の研究にとっても不可欠で、その意義も大きいといわなければならない。

（第一一節「結論」一三三一頁）

四　以上のように、中国憲法を「実証的に解明すること」が本書の目的であるが、その予備作業は、本篇の総論部分、すなわち、第二節「中国共産党略史」と第三節「中国共産党の憲法理論」において、かなり行われている。前者は、さながら現代中国政治史を語るもので、その意味では、通

常の関係参考書類にも同様の記述を見出すことができるのであるが、例えば、次に引かれる部分などは、著者の見方の一端をよく示すもののようにも思われる（傍点は評者によるもの）。

毛沢東体制に代わって劉少奇体制が強化されるに伴い、並び立つ者を認めない権力至上主義者の毛沢東は、極左主義者として劉少奇の調整政策を「資本主義の復活」と見做し、劉少奇体制の打倒を企図した。（二一一頁）

鄧小平は党、政と軍を完全に支配して、鄧小平体制は、既に完全に確立したように窺える。しかし、必ずしも、そうではない。……一九八〇年現在で約三、八〇〇万人の党員の半数以上は、文革中の入党者である。従って、二、〇〇〇万人に近い党員は、本質的に文革派で、党、政と軍の各方面に殆ど無傷のまま盤踞して陰に陽に鄧小平体制に抵抗している。（二一七頁）

筆者は、「実証的な解明」の精神が、必ずしも価値評価を排斥するものではないと信ずるものである。しかし、引用の前半部分のように月旦をなすこと、あるいはかなり「情緒的定義」に近い修飾を施すことは、著者本来の目的に副う所以ではないようにも思う。むしろ、優れた叙事は抒情であるという、思いがけぬ文学的真理に身を委ねるほうが良いのではあるまいか。また、引用の後半部分は、かつて人が「本質顕現」思考と評した論理と、或る意味で似たものを含んでいるものの如くである。

さて、第三節「中国共産党の憲法理論」は、主として、一九五四年憲法の公定解説書と見られる「中華人民共和国憲法講義」を素材としつつ、憲法が(一)「国家の根本法である」こと、(二)「階級の力関係の集中的な表現である」こと、(三)「上部構造の一部である」こと、の三点に要約される、その根本命題の意味に解説を加えるものである。けれども、著者はたんに、その平板な解説に終始していないのであって、数々の有益な視点を提供していることを忘れるわけにはいくまい。

まず、右の「講義」が「憲法を以って普通の法律の基礎となし、すべての法律が必ず憲法の規定に適合しなければならないのは、社会主義類型の憲法だけが持つ効力である。ブルジョア国家では、一般の法律が直接に根本法に違反することは、既に日常茶飯事の現象になっている。」と解説する点について、著者は、「これは、事実に反する」といい、こう論じている。

例えば、毛沢東の「鶴の一声」(一言為定)で憲法が蹂躙された多くの事例からだけではなく、上部構造論から見ても、事実に反することになる。それは、物質的な生産諸力の発展に伴って絶えず変化する社会の経済構造を規制する一般の法律と規則などは当然に相対的に流動的にならざるをえず、それ以前の社会の経済構造に対応して制定された静止的な憲法や法律に矛盾することが当然に生ずるからである。従って、三権分立を否定する行政優位の共産主義国家において、憲法違反の法律の放置が、むしろ日常茶飯事である。(三六―三七頁)

さらに、共産主義国家にみられる一党独裁の場合、著者の指摘するように、確かに「党の決定した政策ないし方針と憲法の関係が、憲法理論として当然に問題となる」（三七頁）であろう。これについて、右の「講義」は何ら解説していない由であるが、筆者は、次のような見方を示している。

〔党の政策ないし方針も〕理論的には……国家機関が法的に承認し、国家権力によって実施することを保障すれば、各国家機関のすべての活動の準則、同時に各国民が必ず遵守すべき準則になる……。従って、党の政策ないし方針は、原則として法律と見做され、……憲法に違反した場合には無効になる。しかし、これは、理論的にそうであるだけで、実際には党の政策と方針が憲法に優先する。しかし、これでは、党と国家の間に対立と分裂が生ずる可能性があり、実際にも文革のような事態が生じた。……

新中国は、中国共産党が建国した国家であるうえに、あらゆる点で党が指導する「以党治国」の国家である。従って、憲法に中国共産党章程すなわち党規約を加えたものが、新中国の実質的な憲法と見るべきである。（三七―三八頁）

五　一九三一年の「中華ソヴィエート共和国憲法大綱」（第四節）に始まる本篇第二部は、本書の中核をなし、新中国最初の本格的な憲法典である一九五四年憲法（第七節）を経て、現行の一九八二年憲法（第一〇節）までを収め、ほぼ逐条的な詳しい解説が付されている。ここでは、一九五四年憲法まで主としてソ連のスターン憲法がモデルとされていること（六一頁以下、八四頁以下）、一九七五年憲法がスターリン憲法にある程度影響されつつも毛沢東主義を反映していること（一一七頁）などが指摘されており、具体的な憲法条規の説明とともに、有益な部分であろう。ただ、その規定中心の叙述はやや単調で、小見出しのない紙面はいささか読みづらく、且つ必ずしも、「コストの高い政治体制」と評される（岡田弘臣・実像の中国〔一九八二年・有斐閣〕一三七頁）憲法運用の実質が充分に明らかとなっていないのは、惜しまれる。

一般に、憲法典の前文の長いことが、社会主義国家の諸憲法に通ずる特徴の一つのようであるが、その前文が明確な政策選択の宣言をする点においても、社会主義憲法は特色をもつ。そこに着目して、著者が、「一九五四年の憲法の前文で、ソ連は、友好国の筆頭に挙げられて『偉大なソヴィエート社会主義共和国連邦』と謳われていたが、一九七五年の憲法の前文ではアメリカと並んで侵略政策と戦争政策をとる覇権主義と社会帝国主義の超大国として露骨に敵視されている。一九七五年の憲法が前文で世界革命の重視と支持を規定したのは、堕落して変節したソ連に代わって世界革命の指導者たらんとする中国共産党の自負と使命感の表明とも見られる。」（一二〇頁）と語るとき、われわれは、国際政治というものが如実に反映していることを知らされる筈である。

浅井敦氏は、一九五四年以後の中国憲法の改正を内容的に跡づけて、新民主主義から社会主義への「過渡期」型憲法（一九五四年）、プロレタリア階級独裁下の継続革命思想を先鋭的に定めた「文革」型憲法（一九七五年）、国家活動の重点を四つの現代化建設に移すという政治の重大な転換期に登場しつつその具体的方策を模索した「政策転換期」型憲法（一九七八年）、そして「現代化推進」型憲法（一九八二年現行）と名づけられた。本書の著者は、この流れを、いわば人によって見事にとらえ、それぞれ毛沢東の憲法、文革派の憲法、華国鋒の憲法、および鄧小平の憲法と特徴づけるとともに、そのことは、結局「法の支配」ではなく「人の支配」が行われている中国の国情を如実に反映するものである、と分析される（二三一―二三二頁）。

おそらく、古く一七八〇年のマサチューセッツ州憲法の人権宣言に由来すると思われる。この「人の支配」「法の支配」の語は、実際、いろいろな解釈を許す表現ではある。しかし、少なくとも、著者の言われる「法の支配」と「人の支配」は、マサチューセッツ憲法の意味におけるそれではないであろう。なぜなら、この一八世紀の文書がいう「法の支配」とは、厳格な権力分立が要求される目的を示す概念であり、権力分立を否定して、いわゆる民主集中制を採る憲法については、それを語る前提条件を欠くからである。また文脈からして、いわゆるダイシー伝統における「法の支配」を意味するわけでもないであろうが、それなら、中国憲法について、敢えて「法の支配」に代えて「人の支配」が行われていることを「結論」する意義は、どこにあるのだろうか。あるいは、中国憲法について、レーヴェンシュタインの提唱する、いわゆる意味論的憲法の分類を当て嵌めようとされるのであろうか。

もちろん、評者のこのような二、三の感想は、結局、冒頭に述べられた程度のものにすぎない。本書が、中国の政治・憲法に関心を寄せる者にとってはもちろん、広くソ連・中国に代表される共産主義諸国の憲政に興味をもつ者、さらに一般に、いわゆる西側諸国の憲法との相違を知ろうとする者にとって、有益な視点と豊富な素材とを提供する作品であることは、もはや言うまでもないであろう。

13 〈書評〉深瀬忠一・樋口陽一『日本の立憲主義とその諸問題——比較的アプローチ』（日本評論社、昭和五九年）

一

明治以来のわが政論・公法学は、ドイツ学説の強い影響の下に育った。同時に、しかし、古くは中江兆民、近くは宮沢俊義の名に代表されるように、それがフランスの文献に相当の刺戟を受けてきたことも事実である。他方、わが憲法のフランスへの紹介も早くから試みられた（例、TANAKA Youdourou, La constitution de l'Empire du Japon, 1899, Paris）が、必ずしも深く掘り下げられていない。ようやく近年になって、野田良之教授の逸品『日本法入門』（NODA Yosiyuki, Introduction au Droit japonais, Dalloz, Paris, 1966）が公にされ、日仏法学界の相互理解が始まったとみてよい。ここに紹介するのは、その動きをいっそう推進し、フランス公法学にも寄与すべき意欲に溢れた作品である。

本書（Tadakazu FUKASE et Yôichi HIGUCHI, Le constitutionnalisme et ses problèmes au Japon: une approche comparative, P.U.F., Paris, 1984）は、わが学界を代表しフランス憲法に造詣の深い、深瀬忠一北大教授と樋口陽一東大教授による日本憲法の詳しい現状分析と展望の書である。これには、『日本』（Le Japon, L.G.D.J., Paris, 1969）の著者でもある高名な公法学者、ジャック・ロベール教授

（現在パリ第二大学学長）の序文が寄せられているが、その言葉を借りれば、「日本の政治制度のあらゆる面を論ずる真の憲法書」、しかも「信頼と信義の哲学」に基づく著作である。

二

著者は既に、巻末の文献目録が示すように、日本憲法に関する多くのフランス語論稿を発表されているけれども、本書成立の契機となったのは、著者が客員教授を務めたパリ大学での講義（一九七七―八年）である。この得がたい経験を通して、「個人主義と主知主義という、近代立憲主義を支える文化的要因」の大切さを実感し（樋口・比較のなかの日本国憲法（岩波新書・一九七九年）二〇六―七頁参照）、右の講義を補足して、最も重要で現代的な日本憲法の諸問題を展開することによって、日仏の文化的な相互理解に役立てようというのが本書である。つまり、野田・ロベール両教授の著作で扱われていない部分を補うとともにその憲法的側面を深め、しかもそれらを日本固有の文化というグローバルな観点から解明しようとする。もちろん、これと西欧文化との間には基本的な違いがあり、そのためモーリス・デュヴェルジェ教授のいう遠隔比較、すなわち「相異なった構造類型のものを比較し、ちがった文化的コンテクスト・大きさのコンテクストから生じその精確な意味が異なるような諸制度を比較する」手法（デュヴェルジェ・社会科学の諸方法〔深瀬・樋口訳、勁草書房・一九六八年〕三七六頁）がとられる。著者はその例を日本近代絵画史における「日本画」と「洋画」に求め、大観の「霊峰飛鶴」と梅原の「朝陽」（部分）とをカラー図版で鮮かに対比して、近代日本の諸制度にもこれに対応する関係がみられると説く。印象に残る視点である。

約三五〇頁に及ぶ本書は、以上の「はしがき」に続き、次のような構成をとる（括弧内は一応の執筆分担を示す）。

序章第一節　近代日本の立憲主義の歴史的素描（樋口）、同第二節　日仏文化交流（深瀬）
第一章「伝統　天皇制」（深瀬）
第二章「平和　日本憲法の平和と国の防衛」（深瀬）
第三章「自由　日本における人権保障」（深瀬）
第四章「民主主義　日本型議会民主制」（樋口）
第五章「行政　政府、中央行政及び日本型《地方自治》」（深瀬）
第六章「司法　司法制度と合憲性コントロール」（樋口）
終章「日本の立憲主義の将来と比較の中のその意義」（樋口）

以下、遠隔比較の定式に留意しつつ、これらの概略を紹介し、寸評を加えることとしたい。なお、巻末には、日本の歴史・政治文化一般・憲法についての詳しい欧文「文献」目録（深瀬）が付され、わが学界による紹介、外国人研究者の関心の動向を知ることができる。

〈三〉

1　まず序章第一節は、出発点となる立憲主義の目的・手段をフランス人権宣言一六条に求め、明治期における立憲主義思想の導入から、帝国憲法を経て現行憲法の成立に至るまでの日本憲法略史を提示し、同第二節はとくに公法的側面からみた日仏文化交流の迹を語っている。ここではブスケやボアソナード等の御雇外国人の役割、箕作麟祥・中江兆民ほかの立憲思想の摂取および戦前のフランス学派（杉山直治郎と「二〇世紀日本のモンテスキュー」たる宮沢俊義）が紹介され、戦後のフランス学派の概況も伝えられる。その末尾に、日仏学界の「緊密な協同」によって相互理解が深まり、「現代の民主主義と平和に共通する諸問題に対応する高次の綜合」を創りうるとある行は、著者の並々ならぬ姿勢を示すとともに、われわれを大いに刺戟する。

2　本論に入って第一章は、さきの図式でいえば典型的「日本画」に属する天皇制、つまり「一種独得の特殊日本的な君主制」を論ずる。それは明治に至るまで、明治憲法下の主権者たる天皇および現在の象徴天皇制の三節に分けて説かれるが、その基本的視点は、「天皇制の権威の名目的性格は、必ずしも君主制の民主化の結果ではなく、その宗教的神秘的本質により古くから数世紀にわたり存在した」ものというところにある。

そこで著者は、現行憲法の解釈論上の争点（地位・国事行為など）にふれつつも、さきの「文化的要因」への関心から、象徴天皇制が安定し大衆化した所以について、それが日本の文化的雰囲気の象徴であるからと論じ、さらに宗教的にみれば、結局、神道というものが天皇の権威を基礎づけるものであるとする。そして、「自由な人間個人の平等な尊厳と世襲の象徴天皇の特別な尊厳との間には、根本的な矛盾がある」と説かれるが、これは二重の意味を含んでいる。まず第一に、前者は民主的共和制、後者は穏健な君主制を要求するがゆえに、法的・制度的な意味において。のみならず第二に、前者は平等で個人主義的な、合理的文化風土を、後者は鉛直的家族的で、情緒的な文化的雰囲気を要請するがゆえに、道徳的文化的意味において。こうした論述は、どこまでも原理的な観点から、現行天皇制について多様な見方がありうることを示し、われわれにとっても原則的な反省へと導くものとなっている。

3　これに対し、第二章で扱われる平和主義は、「日本画」であると同時に「洋画」でもあり、著者はそれを両者の綜合調和の作品として、藤田嗣治の絵に準える。その意味を敷衍するため、日本国憲法の制定過程とともに、第九条が非武装および侵略戦争の廃止という世界的な潮流の論理的帰結であるという故宮沢教授の叙述を引きながら、自衛戦争の放棄と完全非武装まで定めたことは、日本国憲法独自であると説かれる（第一節）。この方式は、「この国で法的に実施され実現されねばならず、且つそうしうる」もので、いわば「平和的理性の論理」を含むのである。

現実には、しかし、日本の段階的な再武装や近隣諸国の戦争によって、この理想はデフォルメされることとなり、次にこの日本の再武装過程が詳しく追跡されている（第二節）。その特色は、日米安保条約体制の下、憲法改正なくして次第に実現した点にあり、「この特殊日本的な変容方法、非武装を説く憲法の下での軍事力の漸増は、基本法明文の改正によって行われた西ドイツの再武装とよい対照をなす」という。そこで、アメリカの圧力による警察予備隊・保安隊の設置や自衛隊の発足、国防の基本方針・防衛計画大綱の作成などを紹介する一方、自衛隊の合憲性をめぐる激しい論争も取り上げられる。これに関する政府の見解・国会内における意見対立に言及するのは当然であるが、既にロベール教授によって伝えられた警察予備隊訴訟・砂川事件・恵庭事件（J. Robert, Le Japon, p.296 et s.）のほか、長沼事件、百里基地訴訟などの重要な裁判例が、事案の概要とともに詳細に扱われ、注目すべき叙述となっている。右の再武装過程の特殊性が、激しい憲法論議を惹起したことを物語るに充分であろう。

さらに興味深いのは、現行憲法の平和主義が広く国民に承認されると同時に、国民の八割が自衛隊の必要性を認めるという、一見矛盾する事実に対する分析である。著者はこの点について、「大多数の日本人は、論理的合理的に決断する代わりに、また両極端の一方、即ち憲法改正による本格的な再武装か、完全非武装を実現するための軍備の即時廃止かを選択する代わりに、最小限の防衛力の維持という非常に曖昧な中間の途を選んでいる」と述べ、これが「本質的に、天皇制に象徴される……実際感覚または特殊日本的なコンフォーミストで共同的な、順応的で混合的な文化的雰囲気の反映」であると指摘する。いうまでもなく、さきの「文化的要因」面からのアプローチを示すものであるが、ひとつには第九条が「合理的であるが理性的ではなかった」と解されうることからくる、あるたゆたいの表現のようにも思われる。

4　第三章の人権宣言は、前出の野田、ロベール両教授の書物でもほとんど触れられなかった部分で、本書中いちばんの分量を占める（約八〇頁）。これは当然「洋画」に入るが、現実の裁判では時に、後でみるように、「日本画」の要素が混入するという。まずここでは、現行憲法の保障する人権の体系・内容・特徴が、きわめて豊富な具体的事例とともに、しかも現代的な論点を指示しつつ扱われ（第一節）、さながら日本の詳しい憲法参考書を繙く思いである。例えば、憲法一三条についてプライバシー・盗聴の問題、一九条について謝罪広告事件・三菱樹脂事件、二〇条について津地鎮祭訴訟、二一条について知る権利・西山記者事件・公安条例問題・教科書検定訴訟、二五条について朝日訴訟・堀木訴訟等々。このような豊かな素材を通して、人権宣言をめぐる論点と状況を直接フランスの読者に体系的に示す試みは、決して容易な業ではあるまい。そこに相当の苦心が払われたことを想い、自ら敬服の念が湧くのを禁じえない。

しかもそれは、たんなる論点整理にとどまらず、絶えず前述の「文化的要因」や遠隔比較を念頭において行われている。件の謝罪広告事件・三菱樹脂事件について、「この二つの裁判例は、伝統的な日本の文化的精神の特殊性、即ち『洋画』における『日本画』の残滓の要素を示す」ものといい、地鎮祭上告審判決にふれて、「この少数意見の厳格さは、疑いもなく憲法の精神と文言に合致するが、最高裁の見解の曖昧な緩やかさは、ここでもまた、日本国民のおそらく多数の伝統的な精神を反映する」と評するあたりは、その表われとみられる。

本章の別の注目すべき箇所は、公害問題を語り、いわゆる新しい人権の構想を説く部分である（第二部）。まず、古く足尾鉱毒事件に始まり水俣病、イタイ・イタイ病などに連なる公害問題と立法上の対応（公害対策基本法その他）や各種公害訴訟が説明される。続いて、いわゆる新しい人権のうち、大阪空港訴訟を始めとする諸事例を通じて環境権が提唱されたこと、「二一世紀型」人権としての平和的生存権が恵庭事件・長沼事件などで有力に主張されたことに論及し、日本のカレントな問題点がよく提示されている。

5　第四章「日本型議会民主制」では、初めに国会優位・両院制・内閣責任・選挙などの憲法上の枠組みを概観し（第一節）、次いで現行憲法下の日本政治の諸特徴に筆を進める。著者はこの点について、外国の研究者や学生に日本の憲法政治について説明するとき、「一九五五年（保守合同）以来唯一の政党の政権独占がつづき、保守党政権という点では一九四八年以来長期政権がつづいているという基本的事実」を挙げると同時に、「事態がけっして『一党独裁』というようなもの」ではなく、「自民党政権は派閥という名の中小会派の一種の連立政権という面をもっていること」および「与党の内部で派閥間に『疑似政権交代』（pseudo-alternance）という現象があること」に注意を促すと語っている（樋口・比較のなかの日本国憲法九二頁）が、本書でもその姿勢は変わらない（第一節・二節）。

ここでも、再びさきの遠隔比較との関係をみよう。まず派閥の存在にふれ、それは「個人主義的であり独立であろうとするよりは、自ら所属する集団に合体し同化しようとする日本人の気質」によると社会心理学的に解明し、ここに、「洋画」様式をもつ議院制の運営における「日本画」の要素を確認しうるという。さらに、いわゆる根回しの問題を取り上げ、この「日本画」の典型的現象が、「法的枠組みの方は全く『洋画』風につくられている議会生活に一定の役割を果している」とも指摘され、一貫した視点を窺うことができよう。

以上のようにみれば、本章がとくに「日本型」議会民主制と題される所以を知りうる。もちろん、最近の政治動向も叙述の対象となっているので、自民党単独政権の維持の困難なこと、一時期、新自由クラブがブームとなったこと、自民党内の総裁選挙でその低落傾向への歯止めの試みが行われたこと、および各野党の動きなどが、整然と記される（第三節）。そして著者は、一九八〇年までの日本の議会民主制の特徴は、「非常に支配的な、且つイデオロギー的には一枚岩的でない一政党の存在」に帰着すると総括し、それが経済的発展にともなう社会的変化にもかかわらず、ある「政治的安定性」を確保したものと分析している。

6　第五章「行政」は、日本が官僚制伝統をもつとともに、戦後のアメリカの指導による民主化・分権化を通じて、非常に西欧化された「日本画」になったという指摘で始まる。そこでまず、戦後の行政構造の全面的改革の諸相と特徴を、中央行政（内閣・公務員制など）、地方自治および行政裁判の三点から眺め（第一節）、例えば、中央行政に関しては、イギリス流の議院内閣制の採用やアメリカ流の専門的な議院の常任委員会制度による行政コントロールの強化、各種独立行政委員会の設置などが、明治憲法下のあり方と対比して的確に語られる。

地方制度についても同様であるが、行政裁判が通常裁判官に委ねられた点を説く部分は、比較法上も興味深い記述となっている。ここではまず、明治憲法下の行政裁判制度がヨーロッパ大陸型であるといっても、コンセイユ・デタを模範とするフランス型ではなく、オーストリア・ドイツ型であったこと、それが権利救済面で不充分であったことなどが説かれ、かくて「明治の行政裁判所は、フランスのコンセイユ・デタと同一の発展を辿ったのでもなければ、それと同じ高く且つ国民的な権威をそなえたわけでもない」とされる。

これに対して、現行憲法下の一元的な訴訟制度はどうか。著者によれば、これは英米（とくに合衆国）の司法制度に類似し、仏独の行政裁判制度と対立するように見えるが、行政事件の裁判手続が特有の規律に服する（行政事件訴訟法による）ことを考えると、実は「この制度はイギリス・アメリカ型と異なり、その点で行政裁判制度をとるフランス・ドイツの手続に近い」という。以上の分析は、もちろん、わが行政法学のそれと共通しているもので、確かに、組織は英米流、特殊手続はヨーロッパ大陸流という現行の行政訴訟体系は、恰好の比較法的素材であろう。

それを含めた今日的諸問題を扱うのが、次の行政構造の運用をめぐる部分である（第二節）。中央行政における行政改革問題・日本型エナルシー（Enarchie）——「東大法学部出身官僚の支配」というべきか――など、地方自治における「三割自治」的状況、そして右の行政訴訟の問題が順次検討され、とくに最後者については、行政裁判に関する「権力分立」観念の混合・訴訟要件の緩和・適正手続基準の導入・国家賠償責任の拡大といった傾向がまとめられ、行政訴訟の行方を占うものとなっている。

7　第六章「司法」に移ろう。ここでは、いわゆる再任拒否事件にもふれつつ、司法組織と裁判官の独立が扱われ（第一節）、日本社会における司法・法律家の役割も論じられているが（第三節）、何といっても法律の合憲性審査の問題が中心をなしている（第二節）。

まず、その根拠規定である憲法八一条をめぐる諸論点（違憲審査の類型・対象、違憲判決の効力など）を略述したのち、著者は、これまでの合憲性審査制度の実際の運用過程に注意し、それを三期に分けて検討しようとする。すなわち、最高裁が法律を違憲とするには消極的、しかしその合憲性を肯定するには積極的な態度をとる一九四七―七三年、その中でも全逓東京中郵事件以後、いわゆる合憲解釈原則を用いつつ「自由主義化」の傾向をみせる一九六六―七三年、および尊属殺事件以後違憲判決が相次ぐと同時に、全農林警職法事件以来、一定の人権保護について最高裁が態度を固くする一九七三年以後の三期である。それぞれ第三章の人権部分との関連に注意を払いつつ、数多の具体例を引いて展開されている。

もちろん、日本の制度は、「合憲性審査の強化へと向かう現代立憲主義に共通する傾向」を示すものである。しかし、積極的な合憲性審査権の行使の要請に応える一方で、例えば公務員ストライキ権の要求には対立する、という一見相反する事実を前にして、最高裁の立場はどのように総合的に解釈されるべきか。この点について、著者は、一九七六年以後、法律違憲の判断がみられないことを指摘し、さしあたり、最高裁の態度は一定の司法積極主義へと転回したわけではなく、むしろ政治的機関の実務の合憲性を認めるため積極的な態度を強調しはじめたものと結論して、その社会学的背景の説明を続けている。

8　一〇頁から成る終章は、現行憲法が日本人の「真の人権宣言」であるとしたうえで、主として憲法改正の動きを見据えようとする。一九四六年憲法は、「護憲的左翼と多かれ少なかれ反憲法的右翼とを分かつ標識」であり、その点で、一九世紀まで共和主義左翼と王党派右翼とを分ける基本的目安であったフランス人権宣言と同じ機能を果たす。そして、「憲法改正の動きは、たんに政治機構としてのみならず、社会の諸価値の源泉としても天皇制を打破し、各個人をそれらの根源として認めさせる一九四六年憲法の基本哲学を、再び問題にしようとする」もの、と診断されている。ここでも、さきの遠隔比較でいえば、憲法改正問題のポイントは、「洋画」の技術に身を委ねる人々と、それをかたくなに拒絶してもっぱら「日本画」の「至聖なる伝統」に固執する人々との抜き差しならぬ対立関係であると描写され、本書が結ばれる。

㊃これまで見たように、本書は日本憲法をめぐる論点のほとんどを、実に丹念にフランスの読者に伝えるもので、その充実ぶりにまず驚かされる。主として社会学的な、豊富な具体的事件・判例や世論調査・統計類を駆使したその論述は、彼の地の読者をして頷かしめるに充分であろう。ただ、例えば、いわゆる税関検閲の合憲性の問題が扱われず、立法・財政・予算手続をめぐる憲法的論点や両議院の内部組織・運営（議長・会派・委員会・規則など）の問題に割かれた頁数が少ない点について、それらが「日本画」的要素と必ずしも無縁でないと考えられるだけに、もう少し紙幅が与えられていたら、という感想をもつ。もちろん、そのために本書の価値はいささかも損われてはいない。

いずれにしても、これほどの内容を含む浩瀚な日本憲法の著作が、フランスの読者に直接提供されたことがこれまでにあっただろうか。人権宣言の故国の人々は、アジアの一島における立憲主義の姿を、印象的な「日本画」と「洋画」の表象を通して、存分に眺めることができよう。この作品は、たんにフランス憲法学派のみならずわが学界全体にとっても、野田教授の著作に続くべき記念碑的なタブローである。

14 〈書評〉藤田晴子『議会制度の諸問題』（立花書房、昭和六〇年）

一 戦前既にピアニストとして名を成した著者は、戦後、故田中二郎教授の下で行政法研究に着手した後、国立国会図書館調査立法考査局に永く籍を置き、各省事務次官に相当する専門調査員を経て、近年退職されたばかりである。その間、同局発行の『レファレンス』誌上の諸論稿、故宮澤俊義先生還暦記念への寄稿「議院の自律権」などを通じて、広くわが公法学、とくに議会法研究に貢献して来られたことは、人のよく知るところであろう。

本書は、その数多の業績の中から、行政法関係の一論考「行政委員会の公聴会の機能」（昭三二）を収めると同時に、著者のピアノの恩師を祖父にもつニコール・A・ゴードン女史の「憲法上の権利としての立候補権」（英文邦訳）を付録としつつ、主に『レファレンス』誌に公表された調査研究の成果（昭二九—五六）を纏めて編んだものである。同誌は折に触れ機に臨んで参考にさせて頂いているが、その性格上、読者の限られがちであるのを残念に思うことも屡々であった。その意味で、著者の息の長い学問的営為の記念碑としてはもちろんのこと、同誌に表される注目すべきではあるが比較的地味に映る研究活動の展観としても、本書刊行の意義は大きい。

◆二◆ 表題にふさわしく、収録された諸作品は議会の組織・権限・運営などの問題を直接扱うもので、主として比較議会法的な叙述によって論点をほぼ網羅する形になっている。すなわち、(一)議会の組織に関して、前記付録に「比例代表制」(第一章)及び「イタリアの選挙制度」(第一〇章)の三編が、(二)議会の権限については、「イギリス議会における両院の権限の差異」「イギリスにおける予算と法律」及び「国会と条約」(第六章・第九章・第一一章)の三編が、それぞれ収められ、(三)議事運営を扱ったものは、「主要国の議会における議長の職務権限」「諸外国の議会の議事規則」「英国国会の用語と発言内容についての規律」「二大政党による英国議会の議事運営」(第三章—第五章、第七章)のほか「議院の自律権と司法審査」(第八章)の五編を数えるが、さらに(四)議員の地位・職務についても、最近作「西独議員の倫理に関する諸規定」(第二章)が素材を提供している。

現行制度が執筆当時と異なった部分のあるのは仕方あるまい。ただ、著者はそれについても丁寧に各章末尾の付記で注意を促しているから、これに留意すれば、文字通り、議会制度の精確な情報とその諸問題への有益な示唆とを得ることができよう。その平易な語り口には外連など全くないからである。人或はそれを調査立法考査局の職務の要請に帰すかも知れないが、むしろ著者自身が、先哲の説いたような、認識の対象について成心をもって臨まぬという姿勢を一貫して保って来られたことの証とみるべきものであろう。

㊂冗語を去った静かな筆致の行文は、反って広い視野と豊かな学殖とを感じさせるもので、本書も同様である。一例を挙げると、イギリスにおける予算法審議に関して、著者は王の財政上の主導権（initiative）と表現し、「発案権」の訳語を避けた旨記されるのみである（第九章、一七六―七頁）。読者は、しかし、この簡潔な一文の中に、議会の予算修正権問題に関する明治期以来のわが伝統的学説史を充分踏まえ、それへの批判的検討が加えられていることに気付かれる筈である。

イギリス議会への言及が多いのは、事の性質上当然のことで、本書によってわれわれは、モリソンが、今日なおその影が議長席のあたりを漂っているとさえ評した議会手続のバイブル、アースキン・メイの姿を、いともたやすく見ることもできよう。日本及びフランス議会などの叙述は限られるため、その方面の充実を望む者には惜しまれるが、以上のような本書の価値を想えば、それは望蜀と知るべきであろう。

㊃わが法学文献には、両議院本会議の説明はあってもその定例開議日への論及はなく、今なお、とうに廃止された（昭三〇）筈の参議院緊急集会規則を掲げて怪しまぬ憲法書も跡を断たない。また法令違憲判決の解説はあっても、国会に送付された裁判書正本の議院での取扱いにふれる書物は皆無に近い。議院先例集（録）を繙くだけでこれらの点は補うことができるのであるが、それが広く頒布されない実情にもよるのか、その習慣は一般に身に付いていない。これが必要なことをも、

本書は自ずから教えてくれるであろう。

15 〈書評〉百地 章『憲法と政教分離』（成文堂、平成三年）

一 三つの「踏み絵」に挑む

不幸なことに、いつの時代でもどの世界にも「踏み絵」はつきもののようだ。その前に立たされて、平然と踏みつける者もあれば、断固として拒む人もいよう。だが、大抵の人間はたじろぐはずで、いずれにしても、それが非実存的な決断を無理強いし、少なくとも内心の平衡状態を掻き乱す効果をもつことは、まず間違いない。そこに「踏み絵」を迫ることの卑しさがある。

思想の自由を享受する現代の、しかも学問の自由を標榜しているはずの憲法学界でも、実はその種のものが厳然と存在する。それが「天皇」「靖国」「自衛隊」の三つだということは、おそらく、この世界に棲む者たちの常識で、この常識は多分、マスコミの全体に浸透しているはずだ。そして人は、これらへの対応ぶりを見て、或る者を「右」だの「左」だのと振り分けようとかかる。色分けがはっきりしないときは、せめてその口吻から、どちらのスタンスなのかを嗅ぎ出そうとする。部外者にはいかにも戯画的に映るかも知れないが、私の見るところ、この光景は半世紀近くも続いてきたのである。

最近、「天皇」「靖国」「自衛隊」のうち、二つないし三つが法廷で論議される場面が目立つ。もちろん、自衛隊をめぐる争いは早くからあった。が、これらがいわばセットとして持ち込まれるようになったのは、やはり最近のことと言わなくてはなるまい。そのための舞台が、神社神道絡みのいわゆる政教分離訴訟である。その走りは、一共産党市議が起こし、昭和五二年に最高裁判決のあった津市地鎮祭訴訟で、その後も箕面市忠魂碑・慰霊祭訴訟（昭和六二年大阪高裁判決）、山口県殉職自衛官合祀訴訟（翌六三年最高裁判決）、愛媛県玉串料訴訟（平成元年松山地裁判決）、岩手県靖国訴訟（同三年仙台高裁判決）など、争いの種は尽きない。しかもこの間、昭和天皇を送る大喪の礼、続く今上天皇の即位や大嘗祭をめぐって喧しい論議のあったことは、なお記憶に新しいが、これもまた司法の秤にかけられている。

二　さまざまな分離像

こうした有様を見て、著者は「近年わが国における政教分離をめぐる争点は、あえていえば、神社神道に関連する諸問題、とりわけ靖国神社、護国神社問題および皇室の伝統的宗教儀式をめぐる問題に絞られてきた感」があると、率直な印象を語る。そう言い切ることができるところに、著者の自信と力量が感じられる。それもそのはずで、著者の百地章氏は、愛媛大学教授（当時）を務める憲法学者であるが、箕輪市忠魂碑訴訟の大阪地裁判決（昭和五七年）に対する批判的論評を契機として、のち大阪市や愛媛県の依頼に応じて意見書や鑑定書を自ら執筆するなど、いわゆる政教分離訴訟に直接関与するようになり、先の即位の礼・大嘗祭についても、森山官房長官を委員長とする政府の「即位の礼準備委員会」において意見陳述の機会を与えられたという経験を積んだ、この分野を代表する数少ない論客の一人なのである。

とはいえ、著者は、自らを学界の「少数派に属する」と診断する。多分そうだろう。だが、多数派・少数派とは何か。それを著者は、憲法学者の業界用語に従い、「厳格分離説」（完全分離説）対「限定分離説」と表記するのであるが、粉らわしいこの対立は、日本国憲法が採用するという「政教分離」の中身の理解のしかたの違いに由来している。

憲法が明言しているはずの『政教分離』に、どうしてそんな分化が成り立つのかと、訝しむ向きも多かろう。これに対しては、法学者なら誰でも、制定法には「解釈」する作業がつきものだと返答するに決まっているが、この場合には、実は、もっと秘められたポイントがある。もともと、「政教分離」という言葉は憲法が確定した意味をもって使っているわけではなく、どの条文を見てもそういう用語は登場しない。つまり、それは憲法が自ら特定したものでなく、憲法の二つの条項（二〇条一項・三項及び八九条）の意味するところを概括的に表示するために、学者たちが考案した便宜上の呼称にすぎないのである。

ちょうど、憲法が戦争の放棄・戦力の不保持・交戦権の否認と謳ったところを、「平和主義」と置き換えるのに似ていて、これに幾つもの姿があるように、論者は、憲法「解釈」の名を借りて、思い思いの「政教分離」像を描くことができるわけである。

三　政教分離の意味

著者は、この不透明な、いわば言葉の曖昧さに媚びた一見尤もらしい仕掛けの中に、いろいろな「対立ないし混乱の原因」を見る。そこに分け入って「共通の土俵を設定し論議をより生産的なものとしていく」こと、これが本書の第一部「総論」の課題となる。そこで、第二部が、箕面忠魂碑訴訟・大阪地蔵像訴訟・愛媛県玉串料訴訟といった、著者の歩みをそのまま反映する素材で編まれた「各論」であるとすれば、これに先立つ第一部を構成する四章は、英米仏独など各国の事情をもふまえ、「国家と宗教の関係如何という、より本質的、普遍的な問題に立ち返って」主題に迫ろうとする。

なかんづく、とくに本書のために書き下ろされた最初の二章、「政教分離とは何か」「政教分離と信教の自由」は、各論をよく押さえた者のみがなしうる勁い筆致で、問題のありかを指示し、通俗的な「政教分離」像の虚構なる所以を解き明かしてくれる。いわゆる政教分離の原則とは、国家と宗教団体（教会）の凭れ合いを斥けることで、決して国家生活から一切の宗教色を取り去ってしまうようなものではないこと、「政教分離」の国とされるアメリカやフランスでも、国家と教会はむしろ相対的で友好的な関係を保っていること、一般社会から隔離された公の施設では、信教の自由を確保する限度で「政教分離」が後退する必要のあること、そして「厳格分離説」の堡塁である、いわゆる国家神道体制の実態も、その語感からイメージされるようなものでなかったこと等々……。

本書の扱う問題については、法を司る専門家も決して長けているとは思われない。かつて「我が国の国民性は、宗教については極めて無節操であり、神と人との区別がつかない特異な民族である」とし、「このような社会に、政教分離の原則を根づかせるためには、この原則を厳格に解して貫き通さなければ、画餅に等しい」と論じた一地裁判決があった。裁判所の判断であるが故に、法の「解釈」と世間は受け止めたかも知れないが、私などにはプライベートな信念の吐露としか映らなかった。本書は、さらに、それが蛮勇に近いものであったことを教えてくれるだろう。

四 より根源的な問題へ

そういう次第で、私は、「踏み絵」にひるむことなく自らの立場を開示する著者の姿勢に敬意を表し、決して小径によることなく進む本書の議論に賛辞を送る。だが、手放しにではない。というのも、著者は、「国家と宗教の関係如何という、より本質的問題」に立ち返ることの必要を説く。が、それなら、かつて南原繁が対決したような国家と宗教的神性との精神的連関という課題に、もっと踏み込むべきであったのではないか、と考えるからである。

そもそも制度の問題として考える限り、亡きR・アロンが「知識人のアヘン」と揶揄した唯物史観的合理主義が今や光彩を失い、他方、その開祖によって「人民のアヘン」と蔑視された営みはなお活力を保っている、という一事に想到するだけでも、本書とほぼ同じ結論を導き出すことはできよう。しかし、実証主義的合理精神の上にのみ築かれた国家観や憲法論が支配的である限り、通俗的な「政教分離」の要求に対して、宗教や信仰の自由は、つねに肩身の狭い思いをせざるをえまい。真に克服しなくてはならぬもの、それは単なる制度や「解釈」を超えたところに存在するはずだ。

16 〈書評〉佐藤達夫／佐藤功補訂『日本国憲法成立史』全四巻（有斐閣、平成六年）

一　今年度（一九九四年）、私は、一回生の外国書講読を担当する機会を与えられ、総司令部民政局の『日本の政治的再編成』原本（全二巻）を、その後明らかになった多くの事実によって補正しつつ、学生諸君とともに読み進めている。その第二巻『附録』も必要に応じ配布しているが、講読の対象は、同報告書の本文（第一巻）の第三章「日本の新憲法」である。

A・ハッシーの執筆にかかるその部分は、人の知るように、いわゆる松本草案から政府の憲法改正草案（三月六日案）に至る「ダアク・チエインジ」（宮澤俊義）の舞台を、初めて完全に明るみに出したが、その中で「休みなしに続いた会議」（三月四～五日）に参加した「少数の日本官吏」が登場する。この表現によって、白洲次郎・井手成三その他の関係者を示そうとしたわけであるが、その時最も強く印象に残っていたのは、本書の著者、佐藤達夫その人であったにちがいない。

当時、法制局第一部長の職にあった著者は、松本国務大臣とともに、マッカーサー草案を基礎に作成した「書きかけの未定稿」にすぎない憲法改正案を携え、その説明のつもりで総司令部に赴いた。同大臣に呼び出され、マッカーサー草案を手渡されてから、わずか一週間後のことである。ところが、この日（三月四日）の夕方、先方から突然「今晩中に確定案を作ることになった」ことを告げられ、驚く。松本国務大臣は、閣議出席のためすでに退席していたので、この時から著者は、憲法改正問題について責任ある発言をなしうる唯一人の官吏として、夜を徹し翌五日の夕方まで、C・ケーディス、ハッシー等とのあいだで、後戻りの許されない憲法草案の逐条審議を重ねることになる。民政局報告書にいう「少数の日本官吏」との「会議」は、この時の模様を伝えたものである。

息づまる作業がすべて終った時、民政局長C・ホイットニーが初めて姿を現わし、関係者の労をねぎらったらしい。だが、総理官邸に向う著者の足どりは重く、「無準備ノ儘、微力事ニ当リ、然モ極端ナル時間ノ制約アリテ詳細ニ先方ノ意向ヲ訊シ論議ヲ尽ス余裕ナカリシコト寔ニ遺憾ニ堪エズ、已ムヲ得ザル事情ニ因ルモノトハ云ヘ、此ノ重大責務ヲ果シ得ザリシノ罪顧ミテ慄然タルモノアリ」と書き留めている。著者のこういう心情を、ホイットニーは、知る由もなかった。

二　私は研究者として歩み始めてまもなく、意を決して、本書の『第一巻』『第二巻』を通読したが、正直なところ、少しがっかりした記憶がある。憲法成立過程で決定的な意味をもつのは、マッカーサー草案以後であるのに、その直前で『第二巻』が終わり、最も知りたい部分がなかったからである。両書刊行の数年前に、その続編が約三年にわたって本誌に連載され完結してはいたが、

『第二巻』のあとがきには、それは「ほんの骨子にすぎない」、「その後明らかになった事実も非常に多い」ので「これも新たに書きおろす」と断ってあった。

人事院総裁も務めた著者は、残念なことに、この約束を果たす機会を与えられぬまま他界されたが、このたび、原著者みずから「本史」と呼んだ部分が、最適の補訂者・佐藤功博士の手で、美事な装いでよみがえると同時に、懐かしい旧二巻も再刊された。まもなく日本国憲法の公布から五十年を迎えるというこの時、憲法成立史の決定版が現れたことは、その半世紀にわたる歩みを考える上でも、実に意義ぶかいものがある。

佐藤博士を補訂者として最適だとする所以は、改めて説明するまでもあるまい。ただ、若い読者のために一言すれば、この憲法学界の重鎮は、ちょうど三十歳の時、すなわち一九四五年（昭二〇）一〇月に発足した政府の憲法問題調査委員会（いわゆる松本委員会）に補助員として参加、さらにマッカーサー草案が交付された後の翌年四月、法制局事務官に任命されてから、原著者の下でずっと現行憲法の制定作業に参画する、という得がたい経験をされた。憲法施行直後に著された博士の『憲法改正の経過』（一九四七年七月）は、それを十分に活かした作品であり、参照されることの多い憲法調査会『憲法制定の経過に関する小委員会報告書』（一九六四年）は、正しく原著者と補訂者の合作である。本書でも、原著者が衆議院本会議の審議にそなえて関係閣僚に配布していた極秘メモ（『第四巻』五五三～四頁）など、佐藤博士自身の所蔵にかかる第一次資料が何カ所か利用されている。制憲者意思から遊離しないバランスのとれた博士の憲法解釈の秘密は、そこにあるのかも知れない。

〈三〉本書は、ポツダム宣言の受諾で始まる『第一巻』から、松本委員会の調査・マッカーサー草案の提示・帝国議会での審議を経て、日本国憲法の公布で終わる『第四巻』まで、全巻通して約二千ページに及んでいる。原著者は、困難な時期を当事者として事に当られたが、その叙述はつねに平静、そのスタイルは一貫して叙事的である。人格のなせる術ともいえようが、時には先程みた「此ノ重大責務ヲ果シ得ザリシノ罪顧ミテ慄然タルモノアリ」といった手記も引かれ（『第三巻』一五一〜二頁）、反って、読む者に強い印象を与える。つい一週間前、松本国務大臣から初めてマッカーサー草案を示され、従来の案と全くちがった「思いがけない内容の、しかもエキゾチックな条文に充ちみちている」ことを知った時の非常な驚きも（同一六頁）、すでに遠い過去の想い出のように映る。

本書の意義は、「日本国憲法の成立史に関する日本の側で書かれた最も正確・詳細な、また最も信頼すべき、権威ある基礎的文献」という補訂者の表現に尽されているが、ふたたび佐藤博士の評言を借りるなら、それは「日本政府の側の作業の中心的な役割を果たしていた著者による記録」としての特色をもつ。だから、近年明らかになった総司令部・アメリカ政府・極東委員会内の動きを余すところなく示すことは、本書の直接の目的ではないし、国際政治史や比較占領史のなかで憲法成立の史的意義をとらえ直すことも、本書の主題には属さない。

だが、原著者の没後（一九七四年）、日本国憲法成立史の研究が飛躍的に進んだことも事実である。問題は、右の特色を損わずに、どの程度それを本書に反映させるかであり、その匙加減は『第三巻』『第四巻』の価値を大きく左右する。そこが補訂者の最も苦心されたところであろうが、佐藤博士の作業の内容は、『第三巻』補訂者まえがきにあるように、かつて本誌に掲載された原著者の文章をそのまま尊重しつつ、先の極秘メモのように、博士自身の保管される資料類によって補足したうえ、最新の研究成果にも言及されるというように、実に丹念で丁寧なものである。

その取捨選択は、さすがに匠の技というべきものを感じさせる。今なお衆議院で非公開扱いにされている部分をアメリカ側の資料から起こした森清監訳『憲法改正小委員会秘密議事録』（一九八六年）や、ハッシー文書を利用した犬丸秀雄監修『日本国憲法制定の経緯』（八九年）などはもちろんのこと、補訂者は、ごく最近発表された関連の論考にまで眼を通され、佐々木高雄『裁判官弾劾制度論』（八八年）、ケーディス「日本国憲法制定におけるアメリカの役割」（八九年）、古関彰一『新憲法の誕生』（同年）や、月刊誌論文の西修「連合国側は自衛力を容認」（九二年）などへの言及もみえる。

ただ、衆議院小委員会の審議（『第四巻』七一三頁以下）については、原著者も補訂者も補助員として直接関与されたので、この時の記録が素材になっている。他方、貴族院憲法改正特別委員会の小委員会における審議（同九三二頁以下）については、この模様を記した貴重な二つの資料、いわゆる橋本實斐メモと小委員長用の貴族院事務局メモに基づく『貴族院における日本国憲法審議』（一九七七年）があるが、非売品であったためか、利用には供されなかったらしい。

四 明治憲法成立史と対比してみるとき、日本国憲法成立史はその過程に非常に大きな断層があるという点で、著しい特色をもつ。そのため、いわゆる憲法自律性の原則を語りうるかという問題も提起されるが、この点に関して、著者は『第一巻』『第三巻』の冒頭に「日本国憲法成立過程のあらまし」という序章を設けている。そこでは、日本政府部内の自主的な検討の段階をさす「前期」とマッカーサー草案の提示を受けた後の「後期」とを区分し、両期の間には「大きな断層」「明白な分界」があるものの、完全な断絶ではないとしつつ、一方で、「後期」が憲法成立史の本体をなすという意味で、それを「本史」といい（『第二巻』あとがき）、「前期」を「前史」とも言い換えられる（『第一巻』一頁）。

紛らわしいが、要するにこういう事であろう。およそ憲法成立史は、ある憲法体制を生み出す周辺部の事実をも含むとらえ方をするが、憲法制定史といえば、なによりも憲法典の起草・審議・成立という直接の制定過程を問題とする。日本国憲法についてみると、その基礎はポツダム宣言の受諸にあり、その意味で憲法成立史は著者のいわゆる「前期」から始まるが、日本国憲法制定史としてみた場合、もっぱら「後期」が問題となり、これが本史を形づくる。したがって、「前期」はせいぜいその背景・経過であり、前史でしかない。

たしかに、「前期・後期」とは、一連の継続した同質的な行為をその作業内容によって区分するニュアンスをもつが、内大臣府の憲法調査・松本委員会の調査立案は「憲法制定史上の興味深い挿話」（安念潤司）にすぎないと評されるように、この「前期」とマッカーサー草案以後の「後期」との間に、行為の同質性や作業の継続性をみることはできない。その意味で、日本国憲法成立史を語るには、前史・本史という表現の方がふさわしく、「前期・後期」は、本史たる現行憲法制定史についてのみ用いるのがいいように思う。

17 〈書評〉佐藤達夫『日本国憲法成立史(1)〜(4)』（有斐閣、昭和三七〜平成六年）

著者（一九〇四〜七四年）は、法制局の部長・次長を経て長官——一時、組織替えのため法務府法制意見長官となる——を務めたのち人事院総裁等を歴任したが、現行憲法制定時には法制局次長として、入江俊郎長官とともに松本烝治・金森徳次郎両国務大臣を補佐し、活躍した。著者の談によれば、「現行憲法の成立過程について、わたしは最も有力な生証人だろうと自ら思っているわけです。いわば舞台裏の下働きながらも、重要な役割をつとめた場面もありますし、とにかく、最初から終わりまでこれに参画した」という。ここに重要な役割をつとめた場面とは、著者をして「顧みて慄然たるものあり」と言わしめた総司令部民政局との徹宵交渉を指すのであろう。

その著者自ら憲法制定の経緯に触れたものとしては、『日本国憲法誕生記』（法令普及会、昭三二）及び『ネパールの伊藤博文』（啓世社、昭四七）所収の「日本国憲法成立のいきさつ」があり、かつて内閣に置かれた憲法調査会の『憲法制定の経過に関する小委員会報告書』（昭三九）も、本書の補訂者となる佐藤功博士との合作である。この『日本国憲法誕生記』は長い間絶版になっていたが、幸いなことに最近復刊された（中公文庫所収）。

さて、全四巻約二千頁に及ぶ本書は、日本国憲法の生みの親が綴った一大叙事詩であると同時に、丹念に整理された第一級の資料集であり、憲法成立史の決定版である。そのうち、ポツダム宣言の受託から松本委員会の作業までを扱ったいわば前史に当たる前二巻（昭三七・三九）は著者自身の手になるが、マッカーサー草案の作成に始まる憲法制定本史を形づくる後二巻は、著者逝去後の長い中断ののち、若くして憲法制定作業に関与された佐藤功博士の補訂を得て、最近刊行された（平六）。当初の編集担当者の回想によれば、著者はそれを百年後にも読まれるべきものとの意気込みで書き下ろしたのだという（新川正美「佐藤達夫先生と日本国憲法」書斎の窓二四六号）。

本書は、高柳賢三＝大友一郎＝田中英夫編著『日本国憲法制定の過程』（有斐閣、昭四七・四九）とともに、現行憲法制定史研究の水準を飛躍的に高め、爾後の田中英夫『日本国憲法制定過程覚え書』（有斐閣、昭五四）、犬丸秀雄編『日本国憲法制定の経緯』（第一法規、平一）といった研究はすべてそれを基にしている。前記『憲法制定の経過に関する小委員会報告書』は、このたび設けられた両議院憲法調査会の委員にも配布されたが、これは三十数年を経た今日でも利用価値の高いことを示すとともに、同一共著者の書き下ろした本書が、文字通り百年後にも読まれるべき作品であることを予感させる。

もちろん、最近とくに進捗を遂げている占領史研究の成果をどう反映させるかという問題は残っている。そうだとしても、これによって日本側当局者による記録という性格をもつ本書の価値が損われるわけでは、決してない。

18 〈書評〉木野主計『井上毅研究』（続群書類従完成会、平成七年）

一

熊本に生まれ、横井小楠の教えを受けた井上毅（一八四三〜九五年）は、司法省に入った後、大久保利通・岩倉具視そして伊藤博文・山県有朋などの要路者に重用され、国会開設勅諭を起草し、皇室典範・帝国憲法等の重要法令を立案するなど、いわゆる明治典憲体制を構築するのに大きく貢献した。

憲法学・憲法史を専攻する私にとって、井上毅は明治立法史を映し出す鏡のような存在で、とくに典憲体制の設計者・基本法典の編纂主任・立憲思想家といった側面から、その思考について想いを巡らすことが多い。しかし、制度草創期を代表するその法制官僚としての十有余年にわたる多面的な活動については、当然いろいろな評価がありうる。岩倉・伊藤を「傀儡」とし、プロイセン憲法に則っただけの「陰沈たる鬼才の属僚」（服部之聡）といった超越的な井上評はその一例であるが、井上をたんに策謀に長けた知略家とみる向きは、今でもなお多いようである。

だが、直接に親交のあった人々にとって、井上は「立憲組織之計画及憲章立案之重事」に「其満腔の熱血」を注いだ「忠実無二の人物」（伊藤博文）であり、「法憲編纂の時代に於ては最其の用を見た」「明晰の頭脳、該博の知識、荘重典雅の文章」の持ち主（穂積八束）であった。その一人、中江兆民が「近時我邦政事家井上毅君較や考ふることを知れり」といい、井上を「真面目なる人物、横着ならざる人物、ヅウヅウしからざる人物」と追慕したことは余りにも有名であるが、「礼儀を説き、作法を説き、服制を説き、秩序を説く」に到る「真面目」さに兆民の本領を見た蘇峰の眼は、同郷の井上毅の上にも間違いなく注がれているはずである。

二

著者はこれまで長い間、奉職する国學院大学において、井上毅の遺した文書「梧陰文庫」の整理検討に携わって来られたが、その傍ら、梧陰史料を駆使しつつ、とくに明治期の政治史・法制史の分野において数多くの貴重な成果をも発表しつづけて来られた。本書は、その中から、井上歿後百年を機として、既刊の一二篇の論考に書き下ろしの一篇を加えて纏め上げた、初めての本格的な井上毅研究である。

その目的と課題はきわめて明確で、著者の言を借りれば、「機に臨んで書き溜めた井上毅の実証的研究を斯界に表発して、彼を只の法制官僚としてでは無く、明治の法思想界における泰斗として」（序文二頁）、位置づけることにある。

こう言い切ることができるところに、本書にかける並々ならぬ意欲と情熱とが窺われるが、実際、著者は、『梧陰文庫目録』および『井上毅年譜稿』を編纂刊行するとともに、「井上毅全集と呼称して然るべき」既刊の史料集、すなわち『井上毅伝・史料篇』全六巻とその外篇たる『近代日本法制史料集』全二〇巻（現在、一六巻まで刊行）の編集を自ら手掛けられた。そして、関係史料の内容を熟知した上で次々に展開されるその井上毅論には、他の追随を許さない筆力が感じられる。

全体で五百頁を超える大部の研究書のすべてを紹介・批評することは、もとより不可能である。そこで以下では、私が最も惹かれる部分のみを取り上げ、多少の批評を試みたいが、とりあえずここで本書の構成と内容を示しておくと、次の通りである。

序　文
第一章　井上毅の学問とその素養
第一節　熊本在藩期の井上毅の動向
第二節　修学時代の読書事歴
第二章　仏蘭西留学と司法制度研究
第一節　滞仏中の司法攷究事歴
第二節　在仏時代の仏蘭西法律書閲読目録
第三章　法制官僚としての井上毅の営為
第一節　大久保政権下における活躍

第二節　植木枝盛の法思想に与えた井上毅の影響
第三節　近代熊本への貢献
第四章　明治憲法体制の擁護
第一節　大津事件と井上毅
第二節　自由党告発事件の経緯
第五章　井上毅の法思想
第一節　井上毅の歴史観
第二節　南進論の系譜と井上毅
第三節　明治憲法の神聖化と世俗化
第四節　日本主義時代と井上毅
結　論　井上毅の法思想と学芸
付　録　井上毅年譜
跋　文

失念しないうちに付言しておけば、右のうち、五〇頁に上る詳細な「井上毅年譜」は、かつての『井上毅年譜稿』を全面的に書き改められた決定版である。今後の井上毅研究の基礎となるべき関係事項を網羅しており、利用価値は高い。

三　若き日の井上を扱った最初の二章は、幼年期からの井上の歩みをよく知り、その覚書・ノート史料の類までも駆使できる著者ならではの作業といえよう。衆知のように、この時代の井上に関しては、つとに坂井雄吉氏の「幕末・青年期の井上毅」と「井上毅における法の認識」がある（ともに同『井上毅と明治国家』〈東京大学出版会、一九八三年〉所収）。坂井氏の論考は、どちらかと言えば、井上の完成された作品を素材とし、その政治意識・法意識のあり方に焦点を当てて立体的な考察を加えたものであるが、木野氏は、井上の修学事歴などを克明に辿ることによって作品の制作過程そのものを解明しようとされる。

「近代熊本への貢献」の前半部分（二〇四～二一四頁）などもこの点に関わるものといえるが、最も惹かれたのは、それを収めた第三章にある「植木枝盛の法思想に与えた井上毅の影響」である。ここには第二章「仏蘭西留学と司法制度研究」の成果が十分に発揮されており、従来まったく接点がなかったように思われていた自由民権運動の雄と法制官僚との思想的な交わりが、実証的な筆致で描かれている。

植木枝盛といえば、多くの抵抗権的な規定を含む「東洋大日本国国憲案」の作者として知られるが、家永三郎氏の『植木枝盛研究』（岩波書店、一九六〇年）に代表されるように、一般に、植木の抵抗権思想の背景は、政府による言論弾圧という客観的・一般的情勢のほか、とくに彼の筆禍入獄事件があると見られてきた（同説に従う最近の例として、井田輝敏『近代日本の思想像』〈法律文化社、一九九二年〉がある）。

ところが、家永氏自身、のちの同書第六刷増訂版（一九七六年）で一部訂正されたように、植木はそれ以前からすでに加藤弘之訳のブルンチュリー『国法汎論』を読み、「ホルク」の「不得已ノ権利」、つまり国民・人民の抵抗権という観念に接していたのであり、また最近の山田央子氏の研究によれば、植木「天賦ノ人権」論に立った抵抗権思想を展開した加藤の『国体新論』にも目を通していたようである（同「ブルンチュリと近代日本政治思想（下）」東京都立大学法学会雑誌三三巻一号、一九九二年）。

著者は、ここからさらに歩を進め、植木枝盛が井上毅からその著作を借り出して筆記するなど強く影響されていたこと、問題の抵抗権に関しても同様であることを明らかにされた。その契機は、高知市で開催された植木枝盛特別展に出品されていた、植木等が東京独学時代に作成したものとされる三つの司法制度関係写本を、著者が閲覧されたことにある。以来、著者はその典拠と成立事情とを粘り強く追求し、ついに、いずれも「井上毅との深い繋がりの下にできた本であること」（一八〇頁）を突き止められた。

すなわち、著者の検証によれば、植木の郷里に現存する三つの写本『司法諸庁区別』『日代考・

代言人考・代書人考・陪審考』『検傷屍・頑民暴動・証告書式・拿捕法・断獄則・告発条例』は、それぞれ、井上の代表作『仏国大審院考』『仏国司法三職考』『治罪法備攷』の一部又はその草稿本から筆写したもので、「各国建国法治罪法原則」を詳述した最後者には、「民権保証」の一条として「横制不法ノ令ニ於テ抵抗スルコトヲ得、力ヲ用フルモ亦可ナリ」とする「抵抗ノ権」に関する説明がある。また、植木が「東洋大日本国国憲案」より前に著した『民権自由論』などには、井上毅訳註による『王国建国法』（プロイセン憲法・ベルギー憲法を邦訳したもの）の序文や跋文を巧みに援用した形跡すら窺われる。著者が「植木枝盛の法思想に与えた井上毅の影響」を強調される所以である。

四　さて、この注目すべき論考を収めた第三章は、右にみたように、実は「法制官僚としての井上毅の営為」に迫ろうとするものである。大方の読者は、この章名から「法体制準備期の明治初年より帝国憲法制定……の間、法制官僚として我が国法律制度の確立に尽瘁した井上毅」（三一九頁）の姿を思い浮べ、とりわけ明治典憲体制を形づくる主要な法令の立案過程と井上毅との関係についての論述を期待するに違いない。

けれども、この方面に関する具体的な叙述は、本章ではほとんど見られず、わずかに「井上毅の法思想」を尋ねる第五章第一節「井上毅の歴史観」の末尾部分や、天皇制の法制化の問題を扱った同第三節「明治憲法の神聖化と世俗化」の中に窺うことができるにすぎない。その意味で、第三章の表題と内容との間にはかなりズレがあるように思われ、私はそこに違和感を禁ずることができない。

もっとも、著者としては、そうした井上の活動については、すでに稲田正次『明治憲法成立史〈上下〉』（有斐閣、一九六〇・六二年）や小嶋和司『明治典憲体制の成立』（木鐸社、一九八八年）などによって詳述されており、あるいは今更という思いがあったのかも知れない。また、むしろ憲法制定後の大津事件や自由党告発事件をめぐって井上が示した冷静な処理案を叙述した第四章の中で、その姿を浮き彫りにするとの計算を働かせたのかも知れない。実際、本書のために書き下ろされた「結論」の前半部分は、上記の諸書のほか「世間に公刊した主な著作」「官僚として認めた井上毅の意見書類」のもつ意義や、井上が「日本の近代国家の形成のためのグランドデザイナーとして……果たした役割」を、条約改正問題への対応などを含めて、官歴に沿いつつ実に要領よく纏めている（四二七〜四三四頁）。

ただ、著者には、別に「行政裁判法制定過程の研究」（『大倉山論集』二七輯、一九九〇年）や「出版法制定過程の研究」（『出版研究』二三号、一九九三年）といった貴重な立法史的研究がある。だから、これまで井上毅・伊東巳代治などの憲法起草グループを中心とする立案作業に関心を寄せてきた私としては、右の「法制官僚としての井上毅の営為」という文脈の中で、この方面における著者なりの分析を是非試みて欲しかったと思う（参照、大石『議院法制定史の研究』〈一九九〇年〉及び同『日本憲法史の周辺』〈一九九五年〉、いずれも成文堂刊）。

とはいえ、著者の初志、つまり井上を「明治期の枢要な法思想家（四二四頁）と位置づけ、一介の「法制官僚と言う通説を打破して、明治期の法思想家井上毅とする論を構成したい」（四九八頁）とする試みは、「文治を以て政治を行うこと、即ち、学問や法令を運用して、国を治めることが井上毅の理想」（四四一頁）であったとする結論とともに、ほぼ成功しているように思われる。いま「ほぼ」と断ったのは、「法思想家」であることと「法思想界の泰斗」（序文二頁）であることとはむろん同義ではないからであるが、さらに法思想・法思想家ということを再三強調されるにもかかわらず、著者がそう呼ぶ場合の資質や条件・要素といったものをとくに示されない点に、ある種のもどかしさを感じるからである。もちろん、こうした問い掛けをすること自体「法制官僚」的な発想だと逆襲されそうだが……。

19 〈書評〉竹内重年『憲法の視点と論点』（信山社、平成八年）

著者は、参議院法制局参事を経て、長く熊本大学で憲法・行政法を講じ、昨年（一九九五年）、明治大学法学部に活躍の舞台を移されたが、この約十年の間にいろいろな形で公表された多くの文章を集めたのが本書である。全編を通じて見られる明快で平易な語り口は、なかなか真似のできないところで、法律専門家の文章には業界用語を多用して人を煙に巻くものが多いだけに感服させられる。

本書は、「憲法のエトス」「憲法と時の焦点」「行政の実務体験から」「恩師追懐」「読書随想ほか」の五部構成をとっているが、「転機に立つ平和憲法」「改正宗教法人法の問題点」「特殊勤務手当の支給と市長の裁量権」などのように、著者のことばを借りるなら、正しく「現代法の生きたテーマ」を取り扱ったものばかりである。

第一部に配列された「信教の自由と政教分離の憲法的意義」「政教分離と『靖国公式参拝』の問題点」「政治と宗教を考える」の三編は、かつて『潮』本誌に掲載された貴重な論考で、このたび幸いに読者は一気に目を通すことができるようになった。

　著者は、このほか、ドイツ政党法研究の専門家として広く知られている。その知見は、「政教分離と政党論の視角から」という副題の付された右の「政治と宗教を考える」にも遺憾なく発揮されているが、第二部中の「政党を考える」という短品も、関係者には馴染み深い『国会月報』の巻頭を飾った、さすがに要点を突いた逸文である。

　たびたび登場する田中二郎、鵜飼信成の両教授は、大きな足跡を残された公法学者であるが、著者の在外研究中に師事されたゲルハルト・ライプホルツ教授も、長く憲法裁判所判事を務めたドイツの碩学である。第四部の「恩師追懐」は、そうした方々の想い出を綴ったもので、著者がその生涯や業績のどういう点に共感されたかは、本書全体を流れる自由で責任ある批判的精神というものから、自ずと明らかになろう。

20 〈解説〉佐々木惣一『憲政時論集Ⅰ・Ⅱ』（信山社、平成一〇年）

一

本『憲政時論集』――以下『時論集』と略称する――は、佐々木惣一の多彩な著述活動のうち、初期の『立憲非立憲』から晩年の『憲法学論文選』に至る既刊の著書に収められたものを除外し、従来ついに一書に纏められることのなかった、主として時局批判にかかわる諸論考を収めたものである。したがって、読者にとってはここで初めて目にされるものも多いはずであるが、『時論集Ⅰ』には主として大正期の諸論考を、『時論集Ⅱ』には昭和期に著された諸論考を、それぞれ収載している。こうした構成になったのは種々の事情によるが、結果的に、前者は大正デモクラシーの一翼を担った佐々木憲法学の基底に流れる憲政思想を映し出し、後者は明治立憲制からの逸脱を阻止しようとする佐々木の精力的な言論活動をたどる形になったのではないかと思う。

佐々木の姿をこのように描くことに対しては、異論が唱えられるかも知れない。従来、公法学説史における佐々木は、何より、体系的論理に裏付けられた実証主義的法解釈学者というイメージが強かったからである。しかし、法律学以外の世界では、例えば、佐々木は選挙応援も辞さない「代表的な民本主義の論客」としてとらえられており（松尾尊兊『普通選挙制度成立史の研究』（岩波書店、一九八九年〉一一一頁、四〇〇頁。同『大正デモクラシー』〈岩波書店、一九七四年〉一〇六頁参照）、その業績が多面的に評価されるべきことを示唆している。

実際、佐々木の学問的営為は、たんなる法実証主義的解釈学にとどまるものではなかった。その歩みは、絶えず憲政の動向に注視し、時には奔流というべき時代の流れにも敢えて抗しつつ、立憲的精神が国民・国家機関に根付くことを願い続けた、その努力の積み重ねであったというべきであろう。本『憲政時論集』に収められた論考は、いずれも、その意味における憲政理論家としての佐々木惣一の姿をよく示しているはずである。

㈡　佐々木惣一は、もと行政法研究者として出発し、この分野でも大きな成果を挙げたが（磯崎辰五郎「佐々木惣一博士の行政法学における業績と学説」行政と経営九―一一号〈一九六三年〉参照）、一般には、美濃部達吉と並ぶ明治憲法下の立憲学派の代表的論客、いわゆる東京学派に対する京都学派の総帥として知られている。憲法学者としての佐々木のプロフィールについては、『時論集Ⅰ』に付された阿部照哉教授の「佐々木惣一先生について」を参照していただきたいが、そのほか鈴木安蔵「佐々木憲法学の基本思想」同『日本憲法学史研究』（勁草書房、一九七五年）、田畑忍『佐々木博士の憲法学』（一粒社、一九六四年）、針生誠吉「佐々木惣一」潮見俊隆＝利谷信義編『日本の法学者』（日本評論社、一九七五年）、盛秀雄『佐々木惣一博士の憲法学』（成文堂、一九七八年）など多くの論考がある。これらを通覧していえることは、方法的には「客観的論理主義」（田畑）を特色とし、内容的には「立憲君主国の論」を「憲法論の核心」（盛）としたという評価であろう。

実際、美濃部憲法学が歴史的・目的的解釈に傾斜したのに対し、佐々木は、一九三〇年に著した体系書『日本憲法要論』（金刺芳流堂。訂正五版、一九三三年）——以下『憲法要論』と略称する——において、「憲法ノ解釈ハ極メテ平静ナル態度ニ於テ為サル、コトヲ要ス」（同書「序」）との観点から、体系的・論理的方法を重視する実証主義的な憲法解釈を展開したことで広く知られている。和辻哲郎との間に有名な「国体」変革論争を繰り広げた戦後も、佐々木は方法的特色を堅持し、一九五〇年に「論理の透徹と立論の簡潔とを旨とした」解釈書、『日本国憲法論』（有斐閣。改訂版、一九五二年）を著した。その後の著しい判例・学説の発展、とくに美濃部を継いだ宮澤俊義の憲法学の浸透によって、東京学派に対峙する京都学派という構図は消え失せ、佐々木憲法学も一見過去のものになったかのようであるが、その憲政思想と立憲理論は今日の学界にも影響を与えている。

佐々木は、その体系的・論理的な憲法解釈の立場を基礎に、とくに大正初期から昭和十年代にかけて、明治立憲制の運用のあり方について常に批判的な思索を重ね、いろいろな場面で厳格な憲法論を展開した。なかでも、（1）政府による国庫剰余金の支出の憲法適合性を問題とした「五月議会に於ける憲法問題」（『時論集Ⅰ』所収）以後の責任支出違憲論、（2）いわゆる統帥権干犯問題をめぐる「問題の統帥権」「兵力量決定に於ける政府及び軍部の関係」（『時論集Ⅱ』所収）で軍部の主張を却け、統帥事務を大臣責任制の枠組みから除外する「統帥権の独立」に対して向けられた違憲論、（3）「政治体制の整備と新政党運動」（同上）以下の諸篇で繰り広げられた大政翼賛会違憲論などは、とくに有名である。当然のことながら、解釈論的体系書『憲法要論』もそれらの論点を取り上げている――むろん、同書刊行後の（3）を除く――が、ここではさらに、例えば、（4）栄典授与に関しても「統帥権の独立」と同様な大臣輔弼制をめぐる問題があり、（5）権利保障の領域でも裁判請求権（法律に定めたる裁判官による裁判）や公務就任権の保障をめぐって違憲問題の存在することを、それぞれ具体的に指摘している（二五三頁、二六〇頁）。

こうした佐々木憲法学の真髄は、いわゆる責任支出問題について論争した際に美濃部の議論を「その場その場に於て巧妙に構造せられる論理」として手厳しい批判を加えた点（『時論集Ⅰ』八四頁）を始めとして、「憲法上より観たる政府の進退」において、責任政治の原理という観点から聖旨による国務大臣の留任という慣行――いわゆる優諚《ゆうじょう》――の非立憲性を説くとともに（『時論集Ⅱ』五六頁以下所収）、これに近い慣行である大臣の「進退伺」についても問題性を指摘した点（『憲法要論』四一二頁）などに見られる。こうした批判は、すでに初期の著作『立憲非立憲』にも見えるところであるが、この点については後述しよう。

だが、翻って、違憲とみなされるべき国家行為が長い間行われてきた場合に、これをどう考えるか、そこに慣習法の成立を認めるかどうかは、大きな問題である（『憲法要論』一二一頁以下参照）。

佐々木は、右に掲記した諸点について長く違憲論を展開したが、栄典授与に関する宮内大臣輔弼制及び統帥事務に関する軍部大臣特別輔弼制（帷《い》幄《あく》上奏）などについて、ついに慣習法の成立したことを認めざるをえなかった（『憲法要論』二五四頁、三八四頁、三八八頁）。責任支出問題については、常に議論があり政府当局も必ずしも確信的態度を示していないとして、「今日未だこれを認むる慣習法成立せりと云うを得ず」（同書六六三頁）と解している。いずれにせよ、そうした慣習法の問題は、一般に実証主義者にとって大いなる試金石ではある。

三

さて、『吉野作造』（中央公論社、一九八四年）を編んだ三谷太一郎教授によると、「政治学者としての吉野の最大の功績は、憲法の理論から区別された憲政を構成し、これを洗練することによって日本の政治的現実を分析する視点と道具とを提供したこと」であり、これは「法概念の形式的適用によって憲政の内容を決定しようとする法実証主義への挑戦」を意味するとともに、「憲法の条文に違反する『違憲』という概念と憲法の精神に反する『非立憲』という概念を区別し、天皇大権論を『非立憲』として批判した」という（同書「思想家としての吉野作造」八頁、三四頁）。この枠組みからすれば、実証主義的解釈学の代表格とされる佐々木惣一は、さしずめ批判対象となるべき第一の存在とみなされそうである。

しかし、一九一四年（大三）、徳富蘇峰の憲政擁護運動批判に対する反論として提示された吉野の「違憲・非立憲」峻別論は、実は、佐々木によっても明快に説かれたところであった。すなわち、あたかも吉野が『中央公論』に「憲政の本義を説いてその有終の美を済すの途を論ず」を発表した一九一六年（大五）正月早々、佐々木も「立憲非立憲」なる長文の連載を『大阪朝日新聞』に公表し、たんに憲法に違反するという意味における「違憲」の観念と、立憲主義の精神に違反することをいう「非立憲」の観念とを厳に区別すべきことを力説した。そして、君主が大臣の辞職を聴許しない場合に大臣が留任するという前記の優諚問題に対し、「違憲ではなくとも非立憲であること」は避けるべきだという論理によって、鋭い批判を展開している（同じ趣旨は、直後の『中央公論』二月号に寄せた「貴族院の権威の当不当」でも説かれている）。

佐々木が四十歳の時に著した『立憲非立憲』（弘文堂書房、一九一八年）は、この「立憲非立憲」を含めて数年来発表された七篇の論考を収めたものである。その論調はどこまでも平静であるが、「立憲制度ありて立憲政治なし」という日本の国情を憂え、「立憲政治の本義」を明らかにしようとする熱誠に溢れている。果たして、この『立憲非立憲』は多くの人々に迎えられ、間もなく「憲法裁判所設置の議」を削って廉価にした国民普及版まで刊行されたが（一九二〇年）、このこと自体、大正デモクラシーのうねりを物語っている。

したがって、佐々木憲法学を法典の文言に偏した実証主義解釈論のようにとらえるとすれば、おそらく正当ではない。実際、佐々木の立憲主義・憲政思想は、いろいろな局面で発揮されているのであって、議院内閣制の憲法運用上の必然性を説いて最近政治の「反動」性を批判した「政治に対する反動と反省」や、大臣輔弼制の意義を説いて立憲政治からの逸脱を批判した「臨時外交調査委員会と憲法上の一重大原則」（ともに『時論集Ⅰ』所収）などは、その代表例である。

なお、『立憲非立憲』は、戦後に改めて朝日新聞社から刊行されたが（朝日文庫、一九五〇年。大石義雄「解題」付）、ここでは収載論考の半数を入れ替える代わりに、右の国民普及版で削った「憲法裁判所設置の議」を再録している。これは、年来その構想を抱き、内大臣府御用掛として憲法裁判制度を取り入れた憲法改正案をまとめ、日本国憲法の解釈論としても「国家行為の純粋合憲性に関する最高裁判所の決定権」（『憲法学論文選二』〈有斐閣、一九五六年〉所収、『改訂日本国憲法論』三五六頁以下）を主張した佐々木の気持ちを反映したものであろう。

四

冒頭で佐々木惣一が大正デモクラシーの一翼を担ったと述べたが、この点については、佐々木が大正デモクラシーの旗手、吉野作造の親友であったことを想起しなくてはなるまい（三谷『近代日本の戦争と政治』〈岩波書店、一九九七年〉二九四頁参照）。同世代の人間として生まれた佐々木と吉野は、京都帝大法科大学と東京帝大法科大学卒という違いはあったものの、ほぼ同じ時期に助教授となり、三年間の留学を経て教授になるなど同じような経歴を辿っているが、終生にわたる二人の交友は、この在欧時に始まった。

すなわち、ベルリン滞在中の佐々木は、一九一〇年（明四三）九月上旬、吉野のいたハイデルベルクに到着するが、これ以後、翌年秋に今度は吉野がベルリンの佐々木宅に投宿するなど、吉野の滞欧日記には佐々木の名が頻繁に登場することになる。そして一九一二年（大一）の秋、パリ東駅にベルリン経由で帰朝する佐々木を見送った吉野は、「好漢願くは健在なれと独り胸中に祈る　短日月の交際なれども之れ程心気相許せる友はなし　今井［嘉幸］と共に余が最も親愛敬服する友は彼なり」と書き留めている（『吉野作造選集13』〈岩波書店、一九九六年〉三三七頁）。

一方、佐々木は、吉野が福田徳三・新渡戸《にとべ》稲造などの知識人とともに一九一八年（大七）末に結成した啓蒙運動団体「黎明会」に加わっていたし、二年後のいわゆる森戸事件（大九）の際、ともに特別弁護人となっているが、この事実は、同事件を題材にした「無政府主義の学術論文と朝憲紊乱事項」（『時論集Ⅰ』所収）の冒頭に述べられた事情をよく説明してくれるはずである。初め随筆集『疎林』（一九四七年）に載せ、十年後『道草記』（甲鳥書林）に収められた「森戸事件の思い出」は、その間の経緯をやや詳しく紹介しているが（二七〇頁以下）、ここには、あくまで学究的姿勢を貫こうとした佐々木と積極的な啓蒙活動に身を委ねた吉野とのスタンスの違いを垣間見ることもでき、興味ぶかい。

吉野は、一九二四年（大一三）二月、東京帝国大学を辞して朝日新聞社に入社したものの、数ヵ月後に筆禍事件のために退社して帝大講師に復帰し、翌年秋に、大審院判事・尾佐竹猛《たけき》などとともに「明治文化研究会」を組織したことは、よく知られている。その年の十一月中旬、京都帝国大学法学部長であった佐々木が訪ねてきた時の様子を、吉野は次のように伝えている（尾佐竹『明治維新前後に於ける立憲思想』〈生活文化研究会、一九二五年〉に寄せた「推薦の辞」）。

十二日の夜、尾佐竹君と入れ違いに京都帝大の佐々木惣一君が来た。玄関先でお互を簡単に紹介し、尾佐竹君を送って佐々木君を客間に迎える。尾佐竹君テ未だ若いんだナと佐々木君がいう。年は聞いたことはないが成程私共（佐々木君と私とは同年である）よりは若いやうだ。しかして若いと不思議がられるのは、尾佐竹君は幕末から明治初年の古い所を永年丹念に研究して居られるからだ。あんな事をやって居ると老人と間違えられて困るとは、尾佐竹君自身からも屢々聞く述懐である。

佐々木と吉野との親密な関係が推し量られる一齣であるが、佐々木が京大事件で辞職した一九三三年（昭八）は、春に吉野が他界した年でもあった。人物評の辛かった佐々木ではあるが、故人の人となりにはよく触れていたらしく、門下生の一人によれば、「激賞の学界人は、……河上博士は別として、吉野作造博士ただ一人であったのではないか」（田畑忍『佐々木博士の憲法学』一七九頁）という。佐々木は、京大辞職の翌年、立命館大学長に推され二年間その職にあったが、以後はもっぱら「在野孤行の一学徒」（『時論集Ⅱ』二二二頁）として論陣を張ることになった。自らの生き方を語ったこの表現には、しかし、早く失った年来の友への追想も籠められているように思われてならない。

五　佐々木惣一の著作目録としては、米寿祝賀記念として刊行された『法の根本的考察』（一九六五年、非売）の巻末に収められたものが有益である。ただ残念なことに、『時論集Ⅱ』に収められた「政治体制の整備と新政党運動」を欠き、記載の誤りも散見されるなど多少補正を要する点があることに注意していただきたい。また、政治というものを度外視した各種改革運動の不毛を説き、無政府主義や社会主義を批判した「政治に帰れ」（『時論集Ⅰ』所収）も、新聞掲載論考であるため、その著作目録では省略されている。

なお、同論考を二十回にわたって連載した『大正日々新聞』とは、一九一八年（大七）秋、筆禍事件で大阪朝日新聞を辞職した政論記者、鳥居素川《そせん》が中心となって創刊したものの、間もなく経営難から廃刊になったものである。現在、同新聞を所蔵している公的機関は国立国会図書館などきわめて限られているだけに、この『憲政時論集』に「政治に帰れ」を収めた意味は、決して小さくないであろう。

実は、この論説を私が初めて知ったのは、京都産業大学名誉教授、宮田豊先生が大切に保管されていた『大正日々新聞』の切り抜きによってである。宮田先生には、そのほか佐々木家ご遺族との連絡、『憲政時論集』の構成などの面でいろいろと高配をたまわったが、さらに晩年の佐々木に関する数々の話をうかがったり、貴重な憲政史関連の資料を拝見したりして、実に多くのご教示を仰いだ。京大法学部創立百周年という記念すべき時を前にして、このような形で佐々木『憲政時論集』を上梓することができたのは、ひとえに先生のご指導とご支援のたまものである。また、右の「政治に帰れ」に関しては、一部の註記及び判読に際し、先輩で同僚の初宿正典教授及び國學院大学の原田一明助教授から援助を得た。ここに特記し、改めて各位に深甚の謝意を捧げたい。

このたびの信山社「日本憲法史叢書」は、今井貴社長をはじめ同社の方々の深い理解によって初めて可能となったものであるが、その一角を形づくる本『憲政時論集』が成るについてもたいへんお世話になった。そして、図書館司書の経歴通りに丹念な校正作業を請け負ってくれた妻、悦子にも、感謝のことばを送りたい。

21 〈書評〉大久保泰甫＝高橋良彰『ボアソナード民法典の編纂』（雄松堂、平成一一年）

一　日本民法典は、敗戦後に親族・相続編こそ全面改正されたが、法典としての一体性は保持し、一年前の一九九八年（平一〇）七月一六日、施行後百周年という記念の時を迎えた。この現行民法典は、同法典施行の九年間にいったん公布されたものの施行されなかった旧民法典に代って、新たに設けられた法典調査会における三人の起草委員による草案を得て成立したものであり、その特徴については、かつてドイツ民法への傾斜にあるかのように言われた時期もあったが、今日そうした単純な見方をする人は、ほとんどあるまい。

というのは、もともと現行民法典は旧民法典の「修正」として起草されたという経緯があり、内容的にみても「ボアソナードの作った旧民法を通じてフランス民法につながる制度・規定が多い」（星野英一）との指摘に触発された近年の研究によって、現行民法典と旧民法典との間に大きな実質的変化があるわけではないとの認識が深まったからである。つまり「わが民法は、内容的にはフランス民法の影響が強いのだが、わが国では、何故か、最近に至るまで、これがドイツ民法の影響の強いものであると誤り伝えられていた」（星野『民法概論Ⅰ』一九頁）にすぎない、というわけである。

最近の民法成立史の研究は、こうした認識を基礎として、旧民法典の編纂過程、したがってボアソナードの草案起草過程から精確に跡付けることを大きな課題としてきたが、この点に関する研究史概観は、昨年組まれた法律時報の特集『ボアソナード民法典とは何か』（七〇巻九号）における大久保泰甫「民法典編纂史のパラダイム転換と今後の課題」によって得られよう。

◆二◆ 本書は、長年この課題を丹念に追求し、「民法典編纂史のパラダイム転換」を唱えてきた大久保泰甫教授と、これに呼応する形で作られた「ボアソナード民法典研究会」メンバーの一人、高橋良彰助教授との緊密な協同によって成った見事な作品である。右の法律時報特集号には、高橋助教授も、ボアソナード提案の拒否という意味をもつプロジェ——フランス語による条文・註釈を指す——に対する削除部分に焦点を当てた「ボアソナード草案と旧民法典成文」と題する緻密な論考を寄せている。

ここにボアソナード民法典とは、一八九〇年（明二三）四月に公布され、二年余後の一八九三年（明二六）一月一日から施行されるはずだったが、日本版「法典論争」によってついに実施に至らなかった旧民法典のうち、ボアソナードが直接に起草を担当した財産編・財産取得編・債権担保編・証拠編について、これを一個の法典と見立てた場合に用いられる呼称である。また、右にいう

「民法典編纂史のパラダイム転換」とは、現行民法典の編纂は法典調査会の作業に始まり、旧民法典は現行民法典の前史にすぎないという「従来の支配的見解」に対し、現行民法典の編纂はボアソナード民法典の起草から始まるとする見方を表わしている。

こうして著者達によれば、わが民法典編纂史は、旧民法典の成立過程を「第一幕」とし、法典調査会成立以後を「第二幕」とする、全体として「トータルなまとまりをなすもの」として理解しなくてはならず、「旧民法典と現行民法典の立法過程は……決して切り離すことができない」。その意味で、「現行民法典の規定や制度の意味を理解するためには、ただ単に法典調査会の成立以後における立法過程を検討するだけでは不十分であり、必然的に旧民法典にまで遡って考究する必要がある」（二頁）、という。

そうした全二幕から成る大河ドラマとしてみた場合、「民法典の成立に関する本格的研究は、未だその緒に就いたばかり」であり、「とくにボアソナード民法典の研究は、まったく不十分である」。これは、約二十年前に名著『日本近代法の父　ボアソナード』（岩波新書、一九七七年）を執筆した時の大久保教授の実感でもあって、ボアソナード民法典の編纂過程に深く分け入ることの必要を訴えるものである。だが、決してそれはフランス法の影響を過大評価したり、「旧民法典と現行民法典とが連続している側面だけを、単純にかつ一方的に重視しよう」としたりするものではない。ここでの問題意識は、あくまでも「わが国の民法の歴史と、そのアイデンティティを明らかにする上で」、旧民法典の研究が不可避だというところにあり、こうした見識に基づく実証的な法典編纂過程の探究こそ、著者達の本懐なのである。

三 本書は、以上のような目的・対象等を述べる序章に続き、まず、主として大木喬任の主導する民法典編纂事業とその成果である民法編纂局上申案の審議を対象とする「第一部 民法編纂局における編纂及びその審議」において、ボアソナードの草案起草事情を克明に述べ（第一章）、民法編纂局の開設と同局の活動内容を明らかにし（第二章）、元老院審議の模様を詳しく描いている（第三章）。

次いで、「第二部 法律取調委員会における編纂から法典公布まで」では、条約改正交渉の展開による外務省法律取調委員会の設置の経緯（第一章）、司法省法律取調委員会における民法典編纂の足跡をたどり（第二章）、同委員会上申案の元老院における審議の模様を示し（第三章）、元老院議定にかかる民法議案の枢密院への諮詢問題を記したのち（第四章）、旧民法典公布後の元老院検視をめぐる特殊事情、「公定フランス語訳及び立法理由書」及びいわゆるプロジェ新版の作成に当たったボアソナードの活動にも触れている（第五章）。

こうして著者達は、第二幕へと誘う「終章 旧民法典の施行延期と法典調査会の設置」に至る。ここでは、第三回帝国議会を通過した民法商法施行延期法律案の裁可奏請を行うべきでないとした断行派の司法大臣、田中不二麿の意見の背後にボアソナードの影があることを示唆しつつ、「伊藤博文は、旧民法典の幕を引いた後、時を置くことなく、主役である三名の法科大学教授［梅謙次郎・富井政章・穂積陳重］の協力を得つつ、今度は、民法典成立ドラマの第二幕の開幕を告げたのである」（三〇八頁）との一文をもって本書を締め括っている。

なお巻末には、国立公文書館所蔵にかかるボアソナード民法典の編纂関係資料が「資料一覧」として掲げられているほか、ボアソナードの民法典起草付託・開始時の重要な推定根拠となった法務図書館所蔵の「民法草案ニ付ボアソナード氏意見書説明筆記」が翻刻されるとともに（三二九頁以下）、裁判所構成法・商法典・ボアソナード民法典以外の民法典・民事訴訟法典等の編纂経過を略述した高橋助教授による「補論　法律取調委員会提出法律案の審議過程」（三八七頁以下）が付されている。いずれも有益であること言うまでもない。

四　さて、私は、もとより民法学を専門とする者ではなく法制史の専門家でもないから、本書が本来有すべき意義について適切な概評をなしがたい。そこで以下には、全くの素人としての個人的な感想のみを幾つか記すことにしたい。

（1）まず本書は、「単線的かつ直列的な」プロセスとして描く従来のボアソナード民法典編纂過程理解、つまり民法編纂局↓外務省法律取調委員会↓司法省法律取調委員会↓元老院↓枢密院↓

公布という図式に対して、「前史→主たる編纂機関における編纂→元老院に下付」という「形の上ではよく似た（しかし内容的には極めて異なる）サイクルが二度繰り返された」――しかも、この二つのサイクルの接点にあっては、「複数の機関ないし組織が、同時並行的に編纂作業に従事または関与した」――との注目すべき図式を提示している（六頁以下）。

すなわち、第一サイクルとして、ボアソナードによる草案起草前後から、元老院議長・司法卿等を歴任する大木喬任を総裁とし、元老院中に設けられた民法編纂局による編纂・上申を経て、元老院で審議されるという長いプロセスがあり（明治一二年〜二〇年）、第二サイクルとして、条約改正交渉と結び付いた形で外務省に設けられた法律取調委員会が司法省に移管され、山田顕義司法大臣の主導の下で纏められた同委員会上申案が、元老院・枢密院で審議されるとともに、その制定・公布後も元老院の検視に付されたというプロセスがある（明治一九年〜二三年）、というのである。

こう整理されるといかにも簡単であるが、私の乏しい経験からいっても、こうした結論を得る過程は堆い関係資料を前にした忍苦に満ちた作業であったことが偲ばれ、その地味な営為に敬服の念を禁じえない。著者達が「あとがき」の中で、プロジェ新版の序文に寄せたボアソナードの想いに自らを重ね合わせているように、「延々として何時果てるとも知らず続いた」、しかも自らの力で「少しずつ探し当てていかねばならなかった」ストーリィをついに描き切った者のみがもちうる自信に充ちた提言と受け取るべきであろう。

（2）　次に、ボアソナードへの民法典起草付託と起草開始時に関して、これまで明治十二年説と十三年説とがあり、どちらかといえば前者が多くなっていたとはいえ、いずれも決定打に欠けるという状況であった。これに対し、本書は明確に明治十二年春と措定する説を打ち出している（二二頁以下）。

その根拠として、著者達は、ボアソナード自身の言明、箕作麟祥・磯部四郎の回顧、法務図書館所蔵の蔵書カードの記述を挙げた後、同じく法務図書館が所蔵する前記の「民法草案ニ付ボアソナード氏意見書説明筆記」という決定的な「新たな重要資料」を提示する。この「説明筆記」は、先に記したように巻末に全文収録されているが、これが十二年中のものであることは、第一部の註で五点にわたってさらに詳述されており（九一頁以下）、その考証と推論は、明治十二年春説を確定的なものにするのに充分な説得力を備えているように思う。

（3）　また、日本版コンセイユ・デタである参事院が設立された明治十四年政変後の一般的な立法過程によれば、各種法令案は各省→参事院の審査→内閣への上申→元老院への下付・その議定→上奏・勅裁という経路を辿ることになる。この参事院法制部は、「民法訴訟法商法刑法治罪法ノ事」を担当するものとされたため、これとの関係が問題となるが、この点でも著者達は、編纂局委員の一人であった磯部四郎の話として、参事院議長の座に就いた伊藤博文が民法編纂事業を同院に取ろうとしたことを伝えている（四一頁）。

興味ぶかい逸話ではある。だが、著者達も認めるように、これに関しては「資料が乏しく、事の真偽を確かめることはできない」し、すでに元老院中に置かれた民法編纂局（明一三・六・一開局）で進行していた民法典編纂の舞台を急にそこに移し変えることは、普通に考えればありえまい。同様の問題は、憲法調査のため渡欧していた伊藤博文の帰国後に設けられた制度取調局（明一七・三・一七開局）との関係でも起こりそうであるが、こちらの方は元来憲法調査機関として位置付けられ、その組織・権限を定める職制・章程もなかったため、とうてい問題にはなりえなかった。

（4）　立法過程という点では、内閣制度の創設後に設けられた法制局（明一八・一二・二三開局）による審査をめぐる別の問題もある。すなわち、これは従来の参事院審査に代わる役割をもつもので、いわゆる第一サイクルにおいては、前記の民法編纂局の上申案に対する審査が行われたが（七五頁以下）、ボアソナード民法典編纂過程における第二サイクルでは、一八八八年（明二一）一二月末に法律取調委員会で議了し、山田法相により黒田首相に提出された民法草案に対する法制局審査は、省略された。

この点について著者達は、法制局審査・元老院議決・関係国への頒布・英文反訳といった一連の手続をとれば、大隈外相の条約改正案に伴う「宣言」で約束した明治二二年中という頒布・英訳期限にとうてい間に合わず、「非常特殊ノ方法」に依るしかないとの法律取調委員長（山田法相）の覚書に接した法制局が、「他ニ急施ヲ要セラル、特別ノ事情アリテ猶予ヲ得サル者」との理由で

「直ニ元老院ノ議定ニ付セラル、方可然ナリ」とした事情を、実証的に説明している（一九七頁以下）。ただ、審査省略の法的正当性については、法制局官制等との関係で問題はないのか、この点に関する著者達の見解も知りたかったところである。

（5）さらに、外務省法律取調委員会に関して、「これまでの諸研究によれば、……条約改正会議の展開を受けて、井上は、自ら諸法典編纂を精力的に行うことを決意し、そのための組織として、外務省法律取調委員会を設置した、とされている」（一一一頁、傍点原文）とした上で、同委員会の設置経緯について、フランス外務省資料等を示しつつ詳細な検討を加え、その結果として、「法律取調委員会の設置は、日本側の主体的な独立した判断によるというよりも、むしろ実は、列強側の指摘と要請を受けての決定であった、と考えなければならない」（一一三頁）との注目すべき指摘をしている。

一連の条約改正史研究まで含めると、従来果たした井上外相自らの決意という要素をそれほど積極的に評価してきたかはやや疑問である。だが、法律取調委員会という具体的な組織の構想が列強側から示されたという指摘や、後に作業を引き継ぐことになる司法大臣山田顕義が法律取調委員会を外務省に設置することに関わっていたという事実などは、確かに「これまでまったく語られてこなかった」（一一五頁）ようであり、条約改正史としても見逃せない。

この法律取調委員会に関する記述については、しかし、多少気になるところもある。というのは、

「この時発足した法律取調委員会は、差しあたり、裁判所構成法の「審査」を、少なくともその主要な課題として設置された、というべきであろう。民法典編纂について言えば、引き続き司法省においてその活動が行われていたと考えるべきであろう。」（二一九頁）とする一方で、「本文ではこのように述べたが、しかし、恐らく外務省法律取調委員会設置の直前に、法典編纂事業の全体的見込を検討したことを推測させる資料が存在する」ことを述べ、司法次官三好退蔵が山田法相に宛てたらしき意見書まで紹介しているからである（二六九～二七〇頁の註14）。そうであるなら、この提言が採用されなかった経緯にも、少し触れて欲しかった気がする。

（6） この他にも本書は、同じく「ボアソナード民法典研究会」メンバーである七戸克彦教授の提起にかかるという官報における民法典正誤の問題（二四四頁以下）や、元老院の公布後検視の議決の不存在を装う文書改竄をめぐる怪（二四九頁以下）など、興味ぶかい話題を数多く取り上げている。しかしながら、もはや逐一それを紹介する余裕のないことを、著者達のために大変残念に思う。

22 〈書評〉瀧井一博『ドイツ国家学と明治国制』もう一つの明治憲法成立史は成り立ちうるか（ミネルヴァ書房、平成一一年）

はじめに

最近、西洋法史のみならず、憲法史・大学史などの関係者の間で話題になっているものに、京都大学人文科学研究所助手（当時）、瀧井一博氏の著した『ドイツ国家学と明治国制――シュタイン国家学の軌跡』ミネルヴァ書房（一九九九年十月刊）がある。

本書は、直接には、明治憲法の父とされる伊藤博文が親炙し、明治政府の要路者が相次いで詣でたオーストリアの碩学、ローレンツ・フォン・シュタイン（Lorenz von Stein, 1815—1890）の説いた「国家学」が、明治憲法体制の形成過程に与えた知的影響を実証的に跡づけ、その法史的意義について考察するものである。だが、それは、後でも述べるように、近現代国家における「知」のあり方を通して国政秩序の再構成を試みようとする遠大な構想の下に書かれた意欲的な作品でもある。

したがって、大学史研究の方々が瀧井氏の業績に深い関心を示されたのは当然であるが、本書は憲法史にとっても重要な視点を提供している。ここでは主として、この日本憲法史に対する寄与という観点から、同書のもつ意義について多少の感想を述べてみたい。

一 憲法史と「国制史」「国制知」との間

(1) まず、本書の性格を――「国制知」という考え方について説明した序章中の著者のことばを借りて――言えば、「明治立憲制の成立と構造を比較法史と思想史・学問史の座標軸のなかに位置づける試み」であり、その基本的視点は、「これまでの明治憲法成立史の叙述を『国制史』へと書き換えること」及び「国制のなかでの『知』の役割」を究明することにある(一頁)。

ここで、余り聞き馴れない「国制知」――これは付録のドイツ語による要約では Verfassungswissen と訳されている――という観念が登場する。著者によれば、それは「国家の構成と諸制度を構想し……そのような国制の支柱となってそれを運営していく知的な営み、ないしそれに携わる学識集団」を指している(二頁)。

もちろん、こうした「国家の構成と諸制度」を表す観念は、瀧井氏独自のものではなく、憲法学でよく用いられる「実質的意味の憲法」に相当する。だが、ここで「憲法」の語を避け、西洋法史以外の分野では余り一般的でない「国制」という観念を提唱するのは、何より、同じく講学上の「形式的意味の憲法」に限局されがちな「憲法」観念の狭隘さを意識し、これを超えたところに真の問題があるという著者自身の立場を鮮明にするためであろう。同時に、しかし、読者にもそうした観念の拘束から自由になって欲しいというメッセージをそこに見ることもできる。

確かに、日本では「憲法」とは条文化された憲法典のことと思い込む傾向が強く、瀧井氏の基本的姿勢には賛意を表したい。ただ、憲法学が自覚的に用いる「憲法」観念を前提とすれば、敢えて「国制」観念にこだわる必要はないのではないか、とも思う。また、これに関連して言えば、その「国制」が日本法制史、とくに日本「公法法制史」又は「公法史」にいうところの「法制」「公法」観念などと一体どういう関係に立つかは、興味ある方法的問題たりうるのではあるまいか。

（2）いずれにせよ、本書が標榜する「知」の役割の究明とは、およそ「制度の本質と動態の根拠を……メタレベルの次元で探求すること」（一頁）を意味する。したがって、それは法規範体系や法制度に対するイデオロギー批判の手法でもあるが、そうだとすると、その試みは独り明治憲法成立史のみの問題なのかという問いにつながっていくであろう。

これを言い換えれば、「国制のなかでの『知』の役割」という観点は、たんなる明治立憲制の問題を超えて、およそ憲法体制の成立と内実にかかわる統一的な視点を提供するはずである。したがって、この観点は、現行の日本国憲法の成立史・運用史についてはどう捉えるべきかという問いをも、われわれに突き付けるに違いない。

なるほど、従来の憲法史は、憲法学説史といった形でそれなりの対応をしてきたとはいえ、例えば日本国憲法にかかわる「国制知」のあり方について、本書のような丹念な手法で包括的に論じてきたかというと、そういう業績は皆無に等しい。著者は、「シュタイン国家学の軌跡」を辿るという、地味ではあるが実に緻密な作業を通して、アドホック・バランシングにも似た平板な解釈論議に終始してきた現在の憲法学に強く警鐘を鳴らし、常にそうした問題意識をもつべきことを教示しているようにも見える。

二 伊藤とシュタインとの間――伊藤博文の滞欧憲法調査の位置づけ

（1） シュタインと明治日本との関係を考察する第二部（一一一頁以下）は、十九世紀ドイツ国家学の系譜におけるシュタインの人となりを克明に描いた第一部（九頁以下）とともに本書の大部分を形づくるが、とくにその第五章「伊藤博文の滞欧憲法調査」（一七一頁以下）は、「ドイツ国家学と明治国制」という作品の主題そのものにとって、きわめて重要な位置を占めている。以下では、したがって、この部分に焦点を絞って私なりに気の付いたところをコメントすることにしよう。

まず、瀧井氏は、憲法学や憲法史ではほとんど検討なしに論じられている伊藤渡欧事情について、政府内外の知識人に対抗しうる立憲政治家たらんとする伊藤の複雑な内面的動機をも穿ちつつ、解明しようとする。これと同時に、約二十年前の早島瑛氏の提起にかかり、しかもこれまで憲法学や憲法史では全く論じられることのなかった「シュタインにおける日本問題」、すなわち、すでに伊藤渡欧以前に存したその内発的な対日関心はいかにして形成されたかという問題（五五頁以下）から、ドイツ国法学のあり方を批判し、孤立した感のあるシュタインがどうして日本政府当局者に重要視されるようになったかという「日本におけるシュタイン問題」（一三三頁以下）への転換の過程を、実に鮮やかに描き出している。

　ここでは、とくにシュタインと伊藤とを取り巻く知的ミリュウや政治的環境が丁寧に分析され、両者の間に「国家形成における知の問題を巡って、看過し得ない思想的共鳴点」のあったことが強調される（一八二頁以下）。つまり、瀧井氏によれば、ステイツマンシップの養成を第一義とする大学における「国家学」の復権を図ろうとする孤立した老碩学と、国会開設勅論渙発後の情況の中で英仏派を中心とする政談的知識人及びドイツ流「科学的」知識人に囲まれ、独自の存在理由をもちうる立憲制構想――「立憲制への第三の道」――を追求しようとした伊藤との間には、「赤い糸」があったというのである。

（2）　興味ぶかい指摘で示唆に富んでいるが、実は、この点についてシュタインは少し気になる発言を残している。というのも、後年の明治二一年秋、元老院議官・海江田信義のためになした国家学講義の中で、「国家実地上の機務」については先に伊藤博文に伝えたものの、「国家精神上の事」は伝えていなかったとの認識を示しているからである。すなわち曰く、「伊藤総理の当地に在るや、常に国家実地上の機務を談ずるの緊要なるが為に、敢て他事に移るに遑なく、国家精神上の事を談ずるは、今回が始めとす。故に、貴官［海江田］帰朝の上は、余の精神上の意見を総理にも伝へられむことを望むなり」（宮内庁編『須多因氏講義筆記』〈明二二〉二二六丁）と。

　ここには憲政の「精神」について十分な説明をする時間がなかったとするシュタインの懸念というべきものが示されているが、これと伊藤博文が得たという――坂本一登氏の表現によれば――「立憲カリスマ」たるべき自信との関係は、一体どのように考えたらいいのであろうか。もちろん、シュタインが伊藤渡欧時の講義の中で、折りに触れ、憲政の要諦を説いていたことは容易に想像できる。実際、他方でシュタインは、日本人の受講態度について、「実地の事実のみを説き並ぶるときは……只だ感心して聴くに止まりて、敢て之を活用せむとするの色なし、故に精神より起て実地を説き、精神に依て実地上の知識の系統を修めて述ぶるときは、則ち速に日本人の中心に入りて、得意の色ある」様子だったことをも語っている（前掲『須多因氏講義筆記』二二七丁）。このシュタインの観察は、かつての伊藤にも当て嵌まるということであろうか。

この点では、さらに、後日、国家学会の講演会において金子堅太郎が「日本」行政法研究の必要を説いて物議を醸したという瀧井氏が紹介している事実も、やや気になる（二六一頁以下参照）。このことは、日本人は自国の歴史を知らなさすぎるので「日本歴史教育を改良すべし」と力説していたシュタインの提言（前掲『須多因氏講義筆記』二二〇丁以下参照）が、必ずしも日本では活かされていないことを示唆している。シュタインが教育問題を重視していたことは、瀧井氏自ら強調しているところでもある。だが、金子の説いたところをみると、シュタイン的「国制知」の影響には、やはり限界があったのではないかとも考えられる。

三　「国制知」の形成過程と知の体制化の問題

（1）　さて、第五章の最後の部分で、著者は、「伊藤の帰国後……いかに国制知の形成が進行したか」を「次章以下の課題」としている（二一二頁）。そして、第六章では、まず官制改革・帝国大学の設置などに言及した後、「帝国大学への大学の改組が、立憲制創出の一齣として、内閣制度の創出と同列に扱われている」ことに注意を促すとともに（二四六頁）、帝国大学（東京大学）スタッフを中心とし、その初代総長渡辺洪基を評議員長とする「国家学会と明治国制」との関係が詳述される（二四九頁以下）。

伊藤博文の肝煎りで設けられ、帝国大学と連動した国家学会というものが、東洋初の立憲制の船出に際して有していた重要な意味――瀧井氏によれば「国制知」の体現である（二五四頁）――は、確かに理解できる。そうはいっても、やはり「国制知」のあり方は独り国家学会の動向に尽きるわけではないであろう。そうすると、他の動きとの比較において国家学会を相対的に位置づける必要もあるように思われ、その意味で「国制知」の形成・展開が十分に跡づけられたとはいえないような気がする。

（2）そもそも「国制知」は必ずいわば知の体制化を要請し、知の体制化は「国制知」の認知過程であるといってもよい。しかし、憲法体制の創出過程には、一般に三つのステージがあって、この展開との関連も少し気になる。

すなわち、ある憲法体制が創出されるには、まず大前提として、第一に実質的な意味における憲法規範が規制対象とすべき統一的な国権を形成する段階が必要である。次に、憲政実施の前提条件、つまり「憲法秩序の前提であり、憲政導入後も円滑な国家運営を可能とする制度的保障」（一五二頁）――シュタインに教示された「憲政の前提となる行政上の制度改革」（二〇九頁）に相当するもの――を整備するという第二段階がある。これを経て、憲法典のみならず、憲法典を補充し、これを施行するのに不可欠な各種の憲法附属法令を制定するという第三の過程を必要とする。

しかし、これらの過程と「国制知」、とくにシュタイン的なそれとの関係に関する瀧井氏の論及はかなり限られており、伊藤帰国後の「国制知の形成」のあり方という当初の問題に応える論述としては、決して十分でないとの印象を拭うことができない。もちろん、明治一四年政変後を主たる対象とする本書は、右の第一ステージを前提とするので、この点は措くとしても、「日本におけるシュタイン問題」の解明を課題とする部分としては、第二ステージ以下におけるいわばシュタイン的「国制知」の動向について、例えば明治一七年三月に設けられた制度取調局の作業との関連はどうかといった点についても、もう少し余裕のある論述が欲しかった気がする。

（3） ただ、この点については、むしろ少し前に戻ってみると、第四章第五節「シュタイン詣で」において、簡略ながら、「国制知」全体の動きについて的確な展望が示されている。すなわち瀧井氏は、その期間に内閣制度・宮中制度・地方制度・大学制度の創設・改革といった、狭い意味での「立憲作業にとどまらない、各種国家制度の設計と建設にそれぞれ莫大なエネルギーが投入され、そしてそれらが有機的なかたちで結びついて明治国家の体制が構築されていく」ことを指摘しているのである（一五一頁）。

したがって、ここを見落としさえしなければ、余り問題はないのかも知れないが、それでは「次章以下の課題」だと宣言したことの意味が失われてしまうだろう。所詮、各章を形づくる論考が公表された時期の違いに由来するのかも知れないが、記念すべきモノグラフィーの構成としてはやや難があり、いささか惜しまれてならない。

四　国内政治情況との関連

（1）ところで、知の体制化は、同時に、反体制的な「知」の動きをも必然的に伴うであろう。その意味で、特定の「国制知」の浸透又は影響があるなら、これに対する抵抗又は反発といったものも当然ありえよう。しかも、この方面の動きは、必ずしも消極的に評価すべきものでなく、それを通して体制派における「知」のリファインメントが図られ、それ自体「国制知」として活かされるという意味において、むしろ積極的に評価すべきものである。

そう考えるとき、シュタイン的「国制知」への対抗軸として考えられるものがなかったかどうかは、大いに気に掛かる。この点で想起されるのは、加藤弘之の初期翻訳『国法汎論』で知られるJ・ブルンチュリ（Johann C. Bluntschli, 1808-1881）である。このスイスの国家学者の言説は――山田央子氏が丹念に追跡して明らかにしたように――いわば文献上の存在であったが故に、その翻訳を通して、政府及びその肝煎りで作られた独逸学協会のみならず、民権派にも広く流布し、活用されることになった。そうした要素は、在外「政府顧問」だったシュタインの場合、全くなかったのだろうか。

(2) このことは、とくに伊藤博文を取り巻く当時の複雑な政治情況の問題とも関連している。つまり、ドイツ学に傾斜した政府と「英仏過激論者」を中心とする民権派との対立は当然考えなければならない要素だとしても、さらに明治政府内部には、とくに薩派・長派の対立を内蔵しつつ行政機構に依拠する藩閥勢力と宮中を聖域とする反藩閥勢力たる中正党との対立という構図もあった。

この対立は、とくに明治一七年夏の華族令の制定や一八年末の内閣制度の創設などをめぐって先鋭化することになる。この点との関係でいえば、シュタイン的「国制知」の制度化・体制化に対して、政府内における障害はとくになかったのか、それがあったとすれば、立場の相違によって検討に値すべき濃淡又は落差というべきものだったかどうか。これらは、先に渡欧を決意した伊藤の内面的動機への言及があるだけに、気になるところである。

おわりに

以上、いろいろな感想や注文を述べてきたが、これらはいずれも、いわば望蜀に属することを承知の上で書き連ねたものにすぎない。

美しい装釘をもつ本書が、法規や制度などを支える「国制知」のもつ独自の働きを探るという観点から、瀧井氏自ら発掘された多くの史料を含めて、内外の第一次資料を広く渉猟しつつ、「シュタインにおける日本問題」から「日本におけるシュタイン問題」への推移を克明に描写し、「国制知」の展開過程を有機的に示すことによって、従来のシュタイン研究のみならず、比較法史・大学史などの研究水準を飛躍的に高め、憲法史の再検討を厳しく迫っていることは、改めて言うまでもないのである。

これに関連して述べれば、かねて私は、金子堅太郎が伝える憲法起草過程の見取図や伊藤博文の言動などについては（金子『憲法制定と欧米人の評論』〈日本青年館、昭和一二年〉参照）、当時主役でもなかった人物が後日得意そうに語り、しかも不正確な記述が目立つところから、胡散臭い話だと思っていた。だが、本書が十二分に示しているように、伊藤が滞欧憲法調査を通して、「大隈や福沢に代表される民権派を凌駕し得るような立憲政治家としての素養」（一九〇頁）を積んだ人物として再構成されるに及んで、案外それが真実の姿に近いのかも知れない、と感じ始めている。そういう素朴な反省をも迫るのが、本書のような実証性豊かな研究のもつ迫力というものであろう。

最後に、敢えて大胆な推測を付け加えることが許されるなら、著者は、国家学の復権に思いを寄せるシュタインに仮託して、総合的な「国制知」を探求する学というものの必要を訴え、その錬成の場としての大学及び公法学の充実・強化を図るべきことを説いているのかも知れない。その意味でも、伝統的な大学及び法学部の像が揺らぎ、法学教育のあり方が大きく変わろうとしているこの時において、本書は貴重な一石を投ずるものといえよう。

［付記］ここに記した内容は、昨年（平一二）五月二七日に明治大学リバティタワーで開かれた、寺崎昌男教授を座長とする「大学史研究会」の二〇〇〇年度第一回例会において、堅田剛（東洋大学）、柴田隆之（独協大学）、長尾龍一（日本大学）の諸教授とともにコメンテーターとして用意した原稿を基礎にし、これに必要な補正を加えたものである。本稿をまとめるについては、各位のコメント及び全体討論が大いに役に立ったことをここに特記し、感謝の意を表するとともに、このような貴重な機会を与えて下さった大学史研究会のご好意に篤くお礼を申し上げたい。

23 〈解説〉今野彧男『国会運営の法理』（信山社、平成二二年）

一　このたび、長く衆議院事務局議事部にあって、絶えず円滑な議事運営に心を砕かれた今野彧男氏の一連の珠玉の論考が『国会運営の法理』として一書に纏められ、広く世に布かれることになった。今野氏は理論的実務家として第一線で活躍されてきた方で、学界の一隅に位置を占めて来たにすぎない私は、実は、直接の面識を得たものではない。今でも依然そうである。私にとって、今野氏は、いわば誌面を通して片想い的に存じ上げていた存在なのである。

そう言えば、駆け出しの研究者の頃、名著の誉れ高い鈴木隆夫氏の『国会運営の理論』を求めて古書店を漁ったことを懐かしく想い出すが、その時に似た想いを抱くこともある。しかも、今野氏は、最近、元衆議院事務総長の鈴木氏に秘書として仕えた得がたい経験から、「昭和の議会を支えた蔭の功労者」として同氏を顕彰する一文を公けにされた（議会政治研究八六号、二〇〇八年。初出一覧14参照）。まことに不思議な巡り合わせとしか言いようがない。

二　私は、以前から議会制度に関心を注いできた者として、時おり法律雑誌「ジュリスト」や専門誌「議会政治研究」に掲載される今野彧男氏の御論考が、いずれも豊かな実務智識に裏付けられた、鋭い理論的な指摘に充ちていることに、密かに感じ入っていた。とくに、本書の冒頭に収められた「会期不継続の原則についての一考察」――ジュリスト一〇〇三号（一九九二年。初出一覧1参照）に掲載されたもの――に接した時の畏怖にも似た想いを抱いたことを、今でも忘れることができない。

もちろん、今野氏の業績は、初出一覧が語るように、すでに早くから同誌を飾っていたわけであるが、その八四二号に「両院協議会の性格――審査委員会か起草委員会か」（一九八五年、初出一覧4参照）という作品を私が見い出したのは、迂闊にもこの時が初めてであった。その反省もあって、その後は、今野氏の関連作品には必ず目を通すように心掛け、かつて公刊した拙著『議会法』（有斐閣、二〇〇一年）の第四章「国会の手続と運営」に付した参考文献の欄でも、その多くを紹介させていただいたことがある。

その今野彧男氏が、議会政治研究七七号に寄せた「国会の法規・慣例において検討を要する問題点――審議形骸化の起因と経過」（二〇〇六年。初出一覧12参照）という論考の中で、私なども早くから与してきたいわゆる国会法違憲論について、「理論的にも、また実際の両院間の不均衡な状態からも、無視できない」と評しつつ、ひとまず「現行の国会法規や実際の運営面においても、検討を要するいくつかの問題点がある」として、議員発議案に対する会派の事前承認の制度――いわゆる機関承認の制度――や委員会における会派別の発言時間割当などを問題視し、「五五年体制の負の遺産とも言うべき偏った慣行を見直すこと」の必要と、その上での法規の全面的な再検討の必要を説かれた時は、年来の私どもの主張と共通していることを知り、わが意を得たりと密かに小躍りしたものである（この点は、拙稿「立法府の機能をめぐる課題と方策」佐藤幸治先生古稀記念『国民主権と法の支配・上巻』〈成文堂、二〇〇八年〉所収を参照されたい）。

（三）いま改めてこれらの業績を通覧するにつけて、常に議院の先例や慣行と対話し、理論的・原理的に考察するという今野氏の学究的な姿勢には、学ぶところがすこぶる多い。その集大成である本書に『国会運営の法理』の名が冠せられたのは、自ら敬仰される鈴木氏の『国会運営の理論』に因んだところがあるとしても、むしろ、原理的・法理的な思考を重んじる今野氏の心意気を託したものと、私は推し量っている。

さて、本格的な政権交代が行われた現在、国会両議院でもこれまでの与野党が攻守所を変え、互いに戸惑っているように見えるが、議事運営や議院規則の解釈などをめぐっても諸説が入り乱れ、一種の混乱状態を呈することも稀ではないようである。このような困難な時期に際し、今野彧男氏の『国会運営の法理』は、議会に身を置く実務家にとってはもちろんのこと、学界に籍を置いている研究者からみても、あるべき解決の拠りどころを指し示す、厳しいが頼もしい座右の書となるに違いない。

◆第Ⅲ部◆ 恩師追想

24 〈紹介〉小嶋和司教授退官プロフィール

小嶋和司教授は、大正一三年二月山口県にお生まれになり、第三高等学校文科甲類を経て東京帝国大学に進まれ、昭和二二年九月同法学部政治学科ご卒業と同時に、憲法学の泰斗、故宮澤俊義教授の下に、東京大学法学部大学院特別研究生として、研究生活に入られました。そして三年半の特研生を中途退学して昭和二六年四月東京都立大学に専任講師として迎えられて以後、翌年四月に助教授、三六年六月に同教授となられ、翌三七年三月には東京大学より法学博士号を授与されました。

東北大学法学部には、昭和四〇年四月、憲法講座担当教授として着任され、以後二二年を経て今日に至っておられます。すでに東京都立大学ご在職中から、ご専門の関係上、都制調査会専門調査員、政府税制調査会専門調査委員などを兼務されましたが、東北大学ご赴任後も、司法試験考査委員を担当されたほか、今日まで財政制度調査会審議会特別委員、国家公務員試験委員に併任されています。

先生の年来の主要課題は、日本財政制度の比較法史的研究にあり、憲法学におけるその第一人者として、永く常に学界に多くの寄与をされています。なかでも、現行の通説的な予算制度に関する議決形式・修正権・予備費といった諸問題及び決算制度の課題などについて、広い比較法史的視野から、数多の鋭い批判と示唆に富む創見を次々に展開され、早くから不動の地位を築かれました。国家学会誌上の処女作「国会の予算増額修正権にかんする論議について」(昭二七)を始めとして、日本公法学会報告「日本財政制度の比較法史的分析」(昭三四)、清宮四郎博士ご退職に寄せた「国会における決算の取扱い」(昭三八)、恩師宮澤俊義教授還暦記念寄稿「財政――予算議決形式の問題を中心として」(昭四〇)など、いずれも堅確な構想の下に練られた名品ばかりで、他の追随を許さず、近年の学会報告「実定財政制度について」(昭五四)は、それらのエッセンスを示し、職人芸的な筆致で綴られています。

比較法史的な観点から、また、先生のご関心は、明治典憲体制における財政の取扱い、したがって典憲体制の確立過程にも向けられ、その実証的な解明を逸速く試みておられます。この分野では、衆知の憲法史家、故稲田正次博士の上下二巻から成る記念碑的大著『明治憲法成立史』(昭三五・三七)が想起されますが、先生はあくまで実定法学者として対象を分析しようとされるのです。その姿勢は、すでに前記処女論文で、とくに井上毅遺文書に着目された点に示されていますが、その後も、学界がどちらかと言えば時事評論的な傾向に流れていた間に、故稲田博士も遂に明らかにされえなかった典憲体制成立史上の数多の事実と論点とを、実に丹念に発掘し、厳密な検討に付されました。その地味な歩みによって、今日学界の共有財産となったものは多く、現在の典憲体制成立史研究の水準は、飛躍的に高められております。日本学士院紀要上の「明治憲法起草過程の資料的研究」（昭三二）、故柳瀬良幹博士退職記念に捧げられた「ロエスレル『日本帝国憲法草案』について」（昭四四）、「帝室典則について――明治皇室典範制定初期史の研究」（昭四七）、そして杉村章三郎先生の古稀を記念した「明治皇室典範の起草過程」（昭四九）などの諸篇は、それぞれ堆い根本史料を精査した上で、憲法論として必要なものを抽出して得られた成果であって、そこには少しの外連も見られません。

さて、先生の憲法観と解釈論とは、以上の諸作品や分担執筆された多くの講座ものの中にも示されているところですが、何と言っても『憲法概観』（初版昭四三、第三版昭六一）を挙げるべきでしょう。この書物は、僅か二〇〇頁弱の小冊ですが、憲法学の対象は実質的意味の憲法であるという一貫した立場から、練りに練って纏められた冗文のない体系的な憲法論となっていて、その立論の簡潔と内容の濃縮とによって、故佐々木惣一博士の名著『日本国憲法論』の系譜に属するものと思われます。また、そうした先生の憲法観の成立を、恩師の学説への敬仰、その精読と吟味の長い道程という形で語られた『憲法学講話』（昭五七）は、すでにそれだけでも充分な価値をもつ異彩の書と思われますが、そこでは、一方において、時流に迎えられる日本憲法学への憂慮が率直に吐露されていることが印象に残るとともに、他方において、豊かな学殖に支えられたシャープな論点の提示によって、進むべき日本憲法学の方向が強く示唆されていることに気付きます。その意味で、先生独自の編集方針で編まれた『憲法の争点』（初版昭五三、新版昭六〇）が、類書にない成功を収めているのは、きわめて意義ぶかいことと思われます。

先生は、平素どちらかと言えば口数も少なく、堅苦しい印象を持たれる方もあるようですが、それは、ひとえに先生が巧言令色というものをとくに避けられたことの表われのように思います。先生の実際は、美術・陶芸・短歌・文学など多方面に造詣が深く、話題がそこに及ぶと尽きることがありません。そうして、何事についても真贋を見わけることの大切さを、必ず言い添えられます。それはまた、先生の学問全体に流れる批判精神と合流するものでありましょう。

先生は、東北大学で二十有余年の長きにわたって、静かに、しかし、はっきりと、憲法学の真髄を説き続けてこられました。実に多くの者が、その間、学窓を卒えて行きましたが、先生の憲法学の真価に触れたかつての学生は、それぞれの仕方で社会を支える柱になっています。先生を知る者にとって、このたびのご退職は洵に寂しい限りですが、いつまでも第一線でご活躍くださるよう祈念いたします。

25 〈あとがき〉小嶋和司『憲法と財政制度』（有斐閣、昭和六三年）

一九八七年（昭六二）三月二五日、法学博士小嶋和司先生は、ひたむきな学究生活を静かに閉じられた。東北大学の定年をわずか一週間後に控えた、小雪舞う夕のことであった。ここに収められたのは、先生の多方面にわたる研究のうち、常に憲法学をリードされた財政制度の分野における業績の数々である。

先生の急逝後、御宅からよく整理された論文集用カードが見つかった。丁度還暦を迎えられた時のことであったと思う、先生から、今後は著作を纏める仕事に専念したい旨伺った事が想い出される。本書に収録すべき論文の選定がそのカードを基とし、その配列もそれを参考としたこと、言うまでもない。ただ、先生自身の筆による加削の迹や誤植等もいくつか見出され、多少の校訂を行う必要があった。その要点を述べると、第一に、先生自らの加除修正を忠実に再現するとともに、明白な誤植・誤記の類を補正することとし、第二に、現在の読者の便宜を考え、とくに初期のかなり息の長い文章について、文意を損わぬ限りで多少の句読点を施すと同時に、初出誌公刊後の法令の改廃や第一次史料の所在の変更等に伴う最小限の註記を、〔 〕書きによって示すこととした。論文相互の関連を指示したのもこれに準ずる。

先生の年来の研究課題は、日本財政制度の比較法史的分析にあり、憲法学におけるその第一人者として、永く学界に多くの寄与をされた。なかでも、通説的な予算制度に関する議決形式・修正権・予備費といった諸問題や決算制度の課題等について、広い比較法史的視野から、数多の鋭い批判と示唆に富む創見を次々に展開され、早くから不動の地位を築かれたことは、人のよく知るところであろう。

先生の仕事は、いずれも実に堅確な構想の下にあり、一作一作、文字通り彫心鏤骨の感がある。収録された論考を逐一ここに紹介する余裕はないが、全体を流れる精神について一、二の感想を記すことを許されるならば、何よりも高遠を望んで現実を喪うことなきを心意とされた。そして、行文には冗語を去って簡に就くことに意を用い、立論に当たっては手軽な検出と安易な検討を戒められた。

例えば、第五論文「財政――予算議決形式の問題を中心として」は、師宮澤俊義教授の還暦記念への献呈論文という性格も加わり、先生の仕事の充実ぶりを窺わせるもので、広く読まれているが、右に述べられた意味において、忍苦に満ちた考察の作業というものを身を以て示された作品でもある。また、第二論文「国会の予算増額修正権にかんする論議について」は、本格的な財政関係研究の処女作と言うことができるが、これも既に通説的論法の陥穽を剔出する一方で、比較法的文献のみならず、堆い根本史料をも博捜精読した上で論旨を展開され、三十有余年を経た今日でも味わうべき多くのものをもっているように思う。他の論考も、これら同様、先生独自の論調を特徴づけるものばかりで、いずれも小嶋憲法学の分析検討のありようと創意着想のありかとを示して余りある。

本書の公刊について、先生の御長男明氏を始め御遺族が並々ならぬ熱意を示されたことは言うまでもないが、こうした形で先生の財政関係論文集を編むことができたのは、多くの方々の御好意による。とくに学習院大学の芦部信喜教授には高配をたまわり、有斐閣の稼勢政夫氏には出版計画及び校正等について格別の御取計らいをいただいた。また、同門の布田勉（東京学芸大学助教授）及び赤坂正浩（日本大学法学部講師）の両氏には、本書の構成や論文の校訂等について、多大の協力を得た。各位に篤く御礼を申し上げたい。

このようにして、多くの方々の御援助のもとに論文集が上梓される運びになったことを、在天の先生は、定めて大いに喜んでくださることと思う。

26 〈解説〉小嶋和司『憲法論集一　明治典憲体制の成立』（木鐸社、昭和六三年）

本書に収められたのは、小嶋先生の遺された数多の論考のうち、主として、明治憲法及び旧皇室典範の起草・制定過程を解明すべく公表された一連の業績である。見られるように、僅か六篇を数えるにすぎないが、それだけで優に四四〇頁余に及ぶというのは、数ある論文集の中でも殆ど例を見ないのではあるまいか。この一事を以てしても、この分野――いわゆる典憲体制成立史の研究――における先生の仕事の驚くべき充実ぶりを窺い知ることができよう。

収録された各論文の公表された書物と年代とは、それぞれの末尾に示されているが、すべて先生に縁の深かった方々に献呈されたものである。それと記されていない雑誌『法学』所載の第一論文「ロエスレル『日本帝國憲法草案』について」も、第四論文「明治前期国籍立法沿革史」も、それぞれ故柳瀬良幹教授、折茂豊教授の退官記念号に寄せられた論考である。

＊　＊　＊

収載論文からみると、先生の典憲体制成立史研究は、恰も昭和四十年代以降に着手されたかの如くであるが、後でも述べるように、それは先生が学究生活に入られた時からの関心事であった。その意味で、種々の事情から本書に収めえなかった作品について、ここで一言しておきたい。

まず、第五論文の冒頭にも断られている通り、雑誌『自治研修』（七一―七四号、昭四一）に連載された「明治憲法起草における地方制度規定（一―四）」が存するが、これは「旧稿」と称すべきもので、これを「全面的に書き改めた」のが、右の第五論文である。

次に、特筆されるべき業績として、師宮澤俊義教授の紹介によって、日本学士院紀要一五巻三号（昭三二）に発表された「明治憲法起草過程の資料的研究」がある。この研究は、いわゆる枢密院諮詢案、即ち「上呈案成立にいたるまでの各草案間の連綿たる系統関係や各条成立過程のすべてを判明させる」目的の下、詳細な図表及び写真を附録として、明治憲法起草過程における諸資料の系譜を克明に辿り、それらに綿密な考証を加えた頗る貴重な労作である（参照、稲田正次『明治憲法成立史・下巻』一頁）。本書への収録は、分量と技術の関係上、断念せざるをえなかったが、典憲体制成立史研究を目指し、又はそれに興味をもたれた読者は、是非、右の学士院紀要を直接繙く労を惜しまれぬよう希望する。

因みに、以上とはやや趣きを異にするが、先生の手に成る関連資料として、「大日本帝国憲法解釈論系統図」なる大きな表も存する。これは、昭和二六年秋、国立国会図書館で催された「憲法資料展示会」目録の附録として作成されたものである。帝国憲法の代表的解釈書を、学派別に一覧しうるように、「諸憲法学者の著書の、出た時期、その傾向およびそれらの間の影響関係」が、各々への簡潔なコメントとともに詳しく示されており、今日でもなお有益であろう（国立国会図書館編『憲法資料展示会目録』参照）。

＊　＊　＊

先生の典憲体制成立史研究は、たんなる憲法史的関心からなされたわけではない。人の知るように、先生のライフワークは、むしろ、実定憲法学としての日本財政制度の比較法史的研究であって、その主要業績は、先般刊行されたばかりの『憲法と財政制度』（有斐閣、昭六三）に集約されている。そして、それと典憲体制成立史研究との接点については、先生みずから、次のように明らかにされている。

本研究は、筆者が年来の研究対象たる憲法「財政」部分についての理論的究明のため明治憲法での当該条章成立過程を探究する必要を生じ、その探究の基礎作業としてなされたものである（前記「明治憲法起草過程の資料的研究」あとがき）。

本稿筆者は、二十年来、財政制度法を研究対象とし、その一環として明治皇室財産制にも関心をもった。これは皇室典範によって制度の基本を定められたものであるから、いきおい典範成立過程の究明にむかった（第二論文「帝室典則について」はしがき、本書六二頁）。

このような実定憲法学と典憲体制成立史研究との結合は、既に昭和二七年に公表された財政制度研究の処女作「国会の予算増額修正権にかんする論議について」の中で、井上毅の遺文書に着眼された点にも、示されている（右の『憲法と財政制度』七四頁以下参照）。けれども、根本史料に向かう歴史的関心は、実は、およそ法学というものにとって別の意義をも伴うものであった。そのことを、先生は、後学への教訓の意味も込めて次のように述べ、回顧されている。

以上によって、読者は、ふるい一片の法律も、一枚岩的支配者集団の固定論理からする寸慮自明の知的所産ではなく、情・意・人間臭さえもった実存的人間の相剋の結果であり、勝者の満足・敗者の哀しみさえ秘めていることを知るであろう。そして、これを知ることは、他の制定法にも同様な人間的興味をもって向わしめ、その法学をして無味平板な教説、または超人間的な神聖御託宣の学とすることから救ってくれる（第六論文「明治二三年法律第八四号の制定をめぐって」結、本書四四〇頁）。

＊　＊　＊

典憲体制研究と言えば、もちろん、故稲田正次博士の上下二巻から成る記念碑的大著『明治憲法成立史』（有斐閣、昭三五—三七）を忘れることはできない。衆知のように、博士は戦前からの憲法史家で、並ぶ者なき典憲体制成立史研究の権威であった。これに対し、小嶋先生の姿勢は、上述のように、あくまで実定憲法学に本籍を置いてのアプローチで、主たる関心は、諸史料がもつ法的意義の分析にある。この点を、先生は、次のように表現される。

本稿には、生きた史実の叙述というより、史料の意味の考証によって事実を示す部分がある。本研究が、典範のとりあげる一制度、すなわち、明治皇室財産制の成立史解明の基礎作業としておこなわれ、歴史叙述が本来の関心でなかったことによるが、その部分は将来の研究者にすくなからず役立つ筈である（第三論文「明治皇室典範の起草過程」冒頭、本書一七二頁）。

そして、この姿勢は、堅い意志の下、実に辛抱強く保ち続けられた。先生は、その長い歩みの中で、稲田博士も遂に明らかにされえなかった典憲体制成立史上の数多の事実と論点とを、丹念に発掘したうえで、厳密な検討に付された。こうして、先生の仕事は、とくに旧皇室典範の制定過程を対象とする本書第二、第三論文によって、権威的な『明治憲法成立史』に対する果敢な挑戦という意味をも、もつことになった。稲田博士がこれを受け止め、わざわざ反論・補足の労をとられたのも、当然の成り行きと言えよう（稲田『明治憲法成立史の研究』（有斐閣、昭五四）二五四頁以下参照）。

このような根本史料をふまえた典憲体制研究は、遺憾ながら、学界では意外に少ない。それが実に根気のいる地味な作業と総合的な学力とを必要とする事情にもよるのであろうが、稲田博士の長く地道な努力、そして小嶋先生の弛みない検証によって、今日学界の共有財産となったものは多く、現在の典憲体制成立史研究の水準は、飛躍的に高められている。この点については、たとえば、とくに梧陰文庫研究会編『梧陰文庫影印・明治皇室典範制定本史』（大成出版社、昭六一）二一三頁以下を参照していただきたいと思う。

＊　＊　＊

最後に、本書を編むに際して、とくに留意した点を幾つか挙げておきたい。原論文を尊重する原則に立つことは言うまでもないが、その上で、第一に、明白な誤記・誤植・脱漏の類を補正すると共に、先生自身による加除修正を、できるだけ忠実に再現することとした。とくに第六論文「明治二三年法律第八四号の制定をめぐって」には、そうした加削の迹がかなり多かったことを、ここに付言しておこう。第二に、屢々引かれている第一次史料等については、原論文発表後に所在の変更もあった事などを考慮し、現在の所蔵番号や入手可能な収録文献との対応関係を、〔　〕書きによって示すこととした。論文相互の関連も、同じ要領で示してある。第三に、原則として、漢字は新字を用いることとし、史料等の引用部分（八ポイント活字）も、原則としてこれに準じた。

なお、論文の配列は、ほぼ発表の順に従った。それが、さながら整然とひとつの体系を成すようで、今更ながら驚いているが、ただ第五論文「明治憲法起草における地方自治」のみは、発表の順に従わず、その体系との関連から、むしろここに置くのを適当と判断した。

＊　＊　＊

いま、改めて、通史的な典憲体制成立史を書かれるよう、幾度か先生にお願いした事を想い出す。

ついに叶わぬまま、先生は逝かれたが、長年各所に散在していた珠玉の論考は、こうして新たな装いの下に纏められ、再び広く世に問われることになった。本書によって、多くの人々が、慌ただしい法学ジャーナリズムの中にあって、つねに、時流に阿ることなく、ひときわ光彩を放ってきた小嶋憲法学のエッセンスに触れて下さるなら、幸いである。

今日、文物の隆替はまことに劇しい。だが、先生の仕事は永くとどまると信ずる。

27 〈あとがき〉小嶋和司『日本財政制度の比較法史的研究』（信山社、平成八年）

歴史と論理を重視した揺ぎない憲法解釈論

本書の著者、小嶋和司先生（一九二四～一九八七年）は、常に歴史と論理とを重視した揺るぎない憲法解釈論を展開されたが、同時に、実務にも通じた憲法学界における財政制度研究の第一人者として知られている。

言うまでもなく、議会制度成立の要因ともなった財政制度は、比較憲法史において重要な地位を占め、そのあり方は、立法権の問題とともに、たんに議会・政府間の権限分配の問題であるのみならず、両議院の権限関係という点からみても、立憲民主制の大いなる試金石となっている。そのため、各国憲法典の中には「財政」と題する特別の章を設ける例も多いが、立憲主義体制に占める財政制度のそうした重要性に比して、憲法学のこの分野への関心は決して高いとはいえない。

その意味で、小嶋先生のお仕事はたいへん貴重であるが、その財政制度研究の歩みは、国家学会雑誌に発表された「国会の予算増額修正権に関する論議について」（一九五二年）に始まる。以来、先生は、この分野だけでも学界をリードする多くの論考を発表され、その十有余年にわたる研究成果を基にして、母校の東京大学にいわゆる学位請求論文を提出された。そして、一九六二年（昭三七）三月付で同大学から法学博士号を授与されているが、この時の学位論文こそ、本書の原本「日本財政制度の比較法史的研究」である。

＊　＊　＊

この論文のことは、清宮四郎教授の退職記念論文集に寄せられた「国会における決算の取扱い」（一九六三年）のある箇所で言及され、詳細については同論文を「参照」すべきことが示されていた。だが、それは同時に「未完」とも記されていたため、私は——確か助手時代だったと思う——先生の研究室に伺って学位論文の刊行予定について、お訊ねした記憶がある。この時、先生は、ある出版社から刊行予定だと告げられたように思うが、二十年も前のことであり、細かなことは覚えていない。ともかく、怠惰な私は、その後先生の母校に直接赴いて学位論文の原本を確認することもなく過ごしてしまった。

先生の逝去後、幸いなことに、右に挙げた二つの論考や宮澤俊義先生の還暦記念論文集のために書き下ろされた名作「財政——予算議決形式の問題を中心として」などを収めた論文集『憲法と財政制度』が、有斐閣から出版される運びになった（一九八八年）。ただ私としては、同書を編みながら、かつての研究室の光景を思い浮べ、先生が心血を注がれた「未完」の学位論文のことを改めて強く想わざるをえなかった。しばらくして、偶々同門の赤坂正浩君（当時、日本大学法学部助教授、現神戸大学教授）から小嶋先生の遺された書類を預かることになったが、図らずもその中に「日本財政制度の比較法史的研究」と自ら墨書された学位論文があった。全体は四分冊からなり、二百字詰原稿用紙で優に二千百枚を超える大作である。

本書の目的・構想と構成については、小嶋先生みずから「はしがき」で詳述されているので、私などが贅言を弄する必要はあるまい。ただ、翻刻に際しては、学位論文をそのまま再現することを第一義としたが、本文または註記において〔　〕書で示した部分のみは、私が補った部分であることを、ここにお断わりしておきたい。本文での補正は僅かであるが（本書四三五頁、四四五頁）、本書で引用されている先生自らの論考については、読者の便宜を考えて、これを収録した四つの論文集、すなわち前記『憲法と財政制度』と本鐸社から刊行された三冊の論文集、『明治典憲体制の成立』『憲法と政治機構』『憲法解釈の諸問題』（一九八八〜八九年）との関係を、〔　〕書によりできるだけ示そうと努めた。

本書の内容について言えば、右に述べた『憲法と財政制度』などに収録された論作と一部重なるところがないではない。しかし、その中核をなす第二部「日本財政制度の比較法史的地位」をみると、明治憲法・現行憲法の双方について、それぞれの憲法成立時までの各国制度を広く比較法史的に概観するとともに（第一章・第三章）、わが国における財政立憲主義の受容過程や実定財政制度の足跡を克明に辿ったうえで（第二章第一節）、両憲法における財政制度の成立過程および憲法運用の両面から詳細に検討を行う（第二章第二節・第三節、第四章）というように、一貫した視点の下に徹底した分析が施されている。その意味で、本書は、個別論考にはとうてい期待できない体系性・包括性をそなえたものとして、独自の価値を主張しうる。

もとより、先生の論考は、一作一作、実に丹念で読み応えのあるものであるが、今なお類書に乏しいこの分野において、学位論文として美事に結実した本書は、財政制度に関する憲法学による初めての本格的モノグラフィーとして、永く読み継がれることであろう。

28 仕合わせというもの

ここに、文字通りセピア色に染まった一枚の写真がある。正確な日付けは記されていないが、憲法学の泰斗、清宮四郎先生を囲むかたちで当時の東北大学法学部の公法研究者が一堂に会しているので、たぶん、一九七七年（昭五二）春、清宮先生が講演に来仙された折のものであろう。

そこには、行政法学の柳瀬良幹、恩師の小嶋和司両先生のほか、理論憲法学で知られた菅野喜八郎、後に東京大学に移られた樋口陽一、後で述べる行政法の藤田宙靖、ケルゼニスムに打ち込んでおられた森田寛二といった錚々たる先生方が居並び、その周りを東北大学法学部長・研究科長（当時）である稲葉馨氏を始めとする、私をも含む若き面々が写っている。

この写真を手に取るたび、そして今の恵まれた研究環境を想うたびに、つくづく巡り合わせの良さというものを感じざるをえない。その写真に示された、ある種の知的ミリューというものがなければ、今の私はとうてい存在しないかも知れないのだ。自らが決して望んだわけではない、しかも、自分が現にそこにいられることに何事かに感謝するほかはないという、そうした漠とした深謝の念が自然に湧いてくる。

その写真の背景には豊かな新緑も写っている。人の出逢いと同様に、おそらく土地にも一期一会があるのだろう。杜の都も他の街と同じように日々変わっているに違いないが、学生の姿がよく溶け込んだ街並み、広瀬川がゆったりと街中を流れ下る光景は、やはり仙台の地でしか味わうことのできない一種独特の雰囲気を醸し出している。常日頃、こうした街で学生生活を送ることを周囲に勧めてきた所以である。

さて、縁あって古都に住むようになり、はや一五年余りを経るまでになったが、私はもともと九州、宮崎の生まれである。地元の高校を卒業後、学生として来仙して以来、院生・助手時代を合わせると、ここで九年を過ごしたことになる。その後、東京の私学で教職を得、憲法学の研究者として生計を立て始めてから同じく九年を経た後に、千葉で二年、そして博多で三年と、目まぐるしく勤務校を移してきた。法学関係者としては珍しい「転勤族」の部類に入るだろう。

しかし、そのつど専門分野を越えて多くの知遇を得る機会をもつことができたのは、繰り返される転任の悩みや離別の悲しみを補って余りあるほど、仕合せの良いことであった。中でも、歳月を経て同僚となり、あるいは同じ組織に属することになった研究者仲間が少なからずいることは、学界や大学という狭い世界でのこととは言え、やはり一筋の縁というものを感じさせずにはおかないものがある。

九大時代に招かれて、夏の札幌で集中講義を楽しんだ北大の大学院。そこで紹介された国際法の杉原高嶺教授は、東北大学法学研究科の先輩であられたが、程なくして京都の同じキャンパスで出逢うことになった。しかも、その後、もともと仙台の法学部・法学研究科の研究室でほぼ同じ時代を過ごした仲間が、相次いで京都に来られるようになったことは、心強く思うとともに嬉しい限りである。

他方、助手時代からずっと学恩に浴してきた藤田宙靖最高裁判事（当時）には、数年来、毎年二月、二十余名のゼミの学生とともに東京地検・内閣法制局に続いて最高裁判所を訪ねる官庁訪問研修の際に、たいへんお世話になっている。また、ここで詳しい説明を施し、学生の質問にも丁寧に応対してくださった故高橋利文氏（最高裁事務総局総務局長、当時）は、一年先輩の尊敬すべき同期卒業生であるが、その初め、東京地検訪問に道筋を付けてくださったのは、同期生の池上政幸氏

（現最高検察庁次長検事、元法務省大臣官房長）であった。

こうした人々に恵まれた、不思議な巡りあわせの原風景が、あの三十余年前の写真に凝縮されているのである。

〈初出一覧〉

Ⅰ　随感断章

1　三種の懐疑……［ジュリスト九三三号、一九八九年］
2　天皇制──その伝統と憲法との間……［This is 読売四一号、一九九三年］
3　政界再編は政党の編成替えにあらず……［国会月報五五八号、一九九五年］
4　憲法改正論議への視点……［改革者四二六号、一九九六年］
5　国民的な憲法論議を期待する……［改革者四七五号、二〇〇〇年］
6　憲法「改革」の時代を迎えて……［外交フォーラム一五〇号、二〇〇一年］
7　憲法調査会への提案……［国会月報六四一号、二〇〇二年］
8　議会制度と憲法改正問題……［わたしたちの国会一〇号、二〇〇四年］
9　憲法と安全保障基本法の構想──総合的な政策実現に向かって……［改革者五二八号、二〇〇四年］
10　宗教法人を取り巻くもの……［文化庁月報四四一号、二〇〇五年］
11　二院制と一院制──それぞれの意味と内実を考える……［Voters 1号、二〇一一年］

Ⅱ　諸書散策

12　向山寛夫『新中国の憲法』（中央経済研究所）……………〔國學院法学二二巻二号、一九八四年〕

13　深瀬忠一＝樋口陽一『日本の立憲主義──ある比較の試み』（Fukase et Higuchi, *Le constitutionnalisme et ses problèmes au Japon: Une approche comparative*, 1984）……………〔法律時報五六巻一一号、一九八四年〕

14　藤田晴子『議会制度の諸問題』（立花書房）……………〔ジュリスト八六四号、一九八六年〕

15　百地　章『憲法と政教分離』（成文堂）……………〔文化会議二七三号、一九九二年〕

16　佐藤達夫著・佐藤　功補訂『日本国憲法成立史』（有斐閣・全四巻）……………〔ジュリスト一〇五八号、一九九四年〕

17　佐藤達夫著『日本国憲法成立史(1)～(4)』（有斐閣、一九六二～九四刊）……………〔書斎の窓五〇〇号、二〇〇〇年〕

18　木野主計『井上毅研究』（続群書類従完成会）……………〔日本史研究四〇六号、一九九六年〕

19　竹内重年『憲法の視点と論点』（信山社）……………〔潮四六一号、一九九七年〕

20　佐々木惣一『憲政時論集Ⅰ・Ⅱ』あとがき……〔信山社・日本憲法史叢書三・四、一九九八年〕

21　大久保泰甫＝高橋良彰『ボアソナード民法典の編纂』（雄松堂出版）

22　瀧井一博『ドイツ国家学と明治国制』に寄せて──もう一つの明治憲法成立史は成り立ちうるか ……〔法律時報七一巻一一号、一九九九年〕
23　今野彧男『国会運営の法理』刊行に寄せて ……〔比較法史学会『比較法史研究九号 文明と法の衝突』〔未来社、二〇〇一年〕
……〔信山社、二〇一〇年〕

Ⅲ　恩師追想

24　小嶋和司教授退官プロフィール（無署名） ……〔東北大学広報一二四号、一九八七年〕
＊後に、小嶋宏彰編『父の一言 小嶋和司エッセイ集』（一九八九年）に再録
25　小嶋和司『憲法と財政制度』あとがき ……〔有斐閣、一九八八年〕
26　小嶋和司憲法論集一『明治典憲体制の成立』解説 ……〔木鐸社、一九八八年〕
27　小嶋和司『日本財政制度の比較法史的研究』あとがき ……〔信山社、一九九六年〕
28　仕合わせというもの ……〔東北大学出版会会報二二号、二〇〇八年〕
＊後に、東北大学法学部同窓会五十周年記念誌『若き日の友情と感激のために』（二〇〇九年）に再録

〈著者紹介〉

大 石　　眞（おおいし　まこと）

1951年　宮崎県生まれ
1974年　東北大学法学部卒業
1975年　東北大学法学部助手
1979年　國學院大学法学部講師
1988年　千葉大学法経学部助教授
1990年　九州大学法学部助教授
1993年　京都大学大学院法学研究科教授
2006年　京都大学公共政策大学院教授
2010年　京都大学法科大学院教授（現在に至る）

〈主著〉

『憲法概観』（共著・有斐閣、2011年）
『憲法講義Ⅰ（第2版）』（有斐閣、2009年）
『判例憲法』（有斐閣、2009年）
『憲法秩序への展望』（有斐閣、2008年）
『憲法講義Ⅱ』（有斐閣、2007年）
『日本憲法史（第2版）』（有斐閣、2005年）
『議会法』（有斐閣、2001年）
『憲法史と憲法解釈』（信山社、2000年）
『立憲民主制 ── 憲法のファンダメンタルズ』（信山社、1997年）
『憲法と宗教制度』（有斐閣、1996年）
『議院法（日本立法資料全集）』（編著、信山社、1991年）

憲法断章
──観照への旅──

2011（平成23）年9月10日　第1版第1刷発行

著　者　　大 石　眞
発行者　　今井　貴・今井　守
発行所　　信山社出版株式会社
〒113-0033 東京都文京区本郷6-2-9-102
電　話 03（3818）1019
FAX　03（3818）0344
info@shinzansha.co.jp
出版契約 No.8570-0101　printed in Japan

© 大石眞，2011．
印刷・製本／亜細亜印刷株式会社
ISBN978-4-7972-8570-3　C3332
8570-012-050-050-002：P256
NDC 分類323.340　憲法・政治

JCOPY 〈(社)出版者著作権管理機構 委託出版物〉
本書の無断複写は著作権法上での例外を除き禁じられています。複写される場合は，そのつど事前に，(社)出版者著作権管理機構（電話 03-3513-6969，FAX03-3513-6979，e-mail:info@copy.or.jp）の許諾を得てください。

大石 眞 編著

日本立法資料全集

議院法［明治22年］

わが国議会制度成立史の定本資料集

芦部信喜・高橋和之・高見勝利・日比野勤 編著

日本立法資料全集

日本国憲法制定資料全集

(1) 憲法問題調査委員会関係資料等

(2) 憲法問題調査委員会参考資料

(4)-Ⅰ 憲法改正草案・要綱の世論調査資料

(4)-Ⅱ 憲法改正草案・要綱の世論調査資料

(6) 法制局参考資料・民間の修正意見

続 刊

信山社

大石眞・長尾龍一・高見勝利 編

対談集 憲法史の面白さ

現在、憲法学や近・現代政治史等の第一線で活躍中の6名が、日本の憲法及び憲政にかかわる様々な問題について自由に語る。概説書等では得られない、憲法学の広さと深さを学びとれる一冊。

佐々木惣一 著／大石眞 編

憲政時論集 1・2

憲法史という地味な領域の研究成果の多くは、目立たぬ大学紀要・論文集などに掲載されて、研究者相互の目にさえなかなか触れがたい。本叢書は、このような業績を、学界や関心をもつ読者に広く紹介し、研究の新たな発展に資そうとするものである。

【目次】〔第１巻〕1 今期議会に反照したる立憲思想の進歩と退歩／2 五月議会に於ける憲法問題／3 再び所謂責任支出を論ず―美濃部博士の改説に就て／4 責任支出問題に関する美濃部博士の示教に就て／5 政治に対する反動と反省／6 臨時外交調査委員会と憲法の一重大原則／7 大学教授の研究の限界／8 無政府主義の学術論文と朝憲紊乱事項／9 政治に帰れ 〔第２巻〕1 問題の統帥権―政府と軍備決定／2 兵力量決定に於ける政府及び軍部の関係／3 憲法上より観たる政府の進退／4 国家機関の遵法精神／5 この議会特別の使命／6 政治体制の整備と新政党運動／7 新政治体制の日本的軌道／8 大政翼賛会と憲法上の論点

信山社

大石　眞　著

立憲民主制──憲法のファンダメンタルズ

単語やいいまわしの解釈などに多くのページをついやす従来の憲法書に疑問を抱いていた著者が、比較憲法、一般憲法、憲法史などにも配慮、ファンダメンタルズにこだわって執筆したもの。

大石　眞　著

憲法史と憲法解釈

著者がこれまでに日本国憲法史に関して発表してきた論考に明治立憲制を対象とするもの、現行の日本国憲法に関するものを整理し、両者を通して憲法史と憲法解釈との有機的連関を具体的に探った論説を加え解説。

信山社